24년 차 이커머스 MD가 말하는
온라인 마켓, 매출 100억 비밀 노트

24년 차 이커머스 MD가 말하는

온라인 마켓, 매출 100억 비밀 노트

김태영 지음

100

두드림미디어

24년 차 이커머스 MD가 말하는 100억 매출의 비밀

필자는 24년 차 이커머스(E Commerce) 영역 MD(Merchandiser, 상품기획자)다. 가전, 리빙, 식품 등 상품 전반에서 활동하는 온라인 셀러(Seller, 판매자)들과 소통하며 매일 온라인 유통 채널에서의 매출 실적, 구매 수량, 구매 후기 등을 확인한다. 하루에 매출 1억 원을 내는 업체부터 한 달에 10억 원 이상, 연간 100억 원, 200억 원 이상의 매출을 만들어내는 온라인 셀러들과 직간접적으로 협력하고 있다.

매일 어떤 상품이 잘 팔리는지 분석하고 수집

당연히 어떤 상품이 고객들에게 가장 인기를 끌고 있고, 다른 경쟁사 채널에서는 어떤 품목이 팔리는지를 매일 체크하며 지낸다. 그러면서 기존 셀러들과도 소통하고 새로이 도전하고 새 상품을 가지고 온라인 유통 채널에 진입하는 신규 셀러들과도 이야기를 나눈다. 상품을 팔고 또 상품 이면에 있는 온라인 셀러들과도 활발히 의논하며, 끊임없는 판매 도전에 나서고 있다.

첫 직장은 오프라인 대형마트였다. 상품 진열, 상품 가격, 상품 규격, 상품 특장점, 다른 상품과의 차이점 등을 점검하며 일하는 것이 나의 전반적인 업무였다. 그로 인해 지금의 온라인 MD 업무까지 오게 되었다. 오프라인에서는 고객들이 직접 대형마트라고 하는 쇼핑 공간에 방문하기에, 대부분 고객이 구매 고객으로 전환될 수 있었다.

그러나 온라인은 언제든 접속하고 언제든 차단할 수 있어, 오프라인에 비해 더 짧고 강렬한 어필이 없다면 고객들이 언제든 외면하고 이탈해버렸다. 여기에 두려움도 생겼지만 다른 한 편으로는 새로운 가능성의 영역이 온라인 유통이라고 생각하게 되었다. 또한 새로이 온라인 쇼핑에 뛰어드는 이들에게 도움이 되는 역할을 하고 싶었다.

필자는 지금 이 시기에 어떤 상품이 가장 잘 팔리고 있고, 고객들이 어떤 점에 가장 흥미로워하며, 어떤 부분을 싫어하는지를 가장 빠르게 파악할 수 있다.

이 책은 온라인 셀러들에게 도움이 될 만한 방향성을 담으려고 애썼다. 팔려고 하는 상품에 대한 고민이 많은 온라인 셀러들에게 생각할 계기를 만들어주고 싶었다. 어떻게 판매를 시작하고, 누구를 경쟁 상대로 삼아야 할지, 그리고 얼마의 시간을 들여야 할지, 어느 정도 자리매김을 할지 등에 대한 전략을 담았다.

10분 만에 9,000만 원!
MD와 셀러의 신뢰로 만든 성과

오프라인 대형마트에서 근무하던 시절, 미친 듯이 몰려드는 고객들이 내가 기획한 상품을 구매해가고 매출이 폭발할 때, 왠지 모를 희열감이 느껴졌다. 유통업에 종사하며 내가 더 관심을 두고 기획하고 만든 상품이 더 잘 팔릴 때 더욱 보람을 느꼈다.

2011년에는 내가 재직하던 대형마트 본사에서 전 직원 대상 창립기념일 선물로 자전거를 기획하자는 이야기가 나왔다. 그때 내가 자전거 바이어여서, 접이식 자전거를 1만 대 기획, 제작했다. 이렇게 접이식 자전거를 제작해본 경험을 바탕으로 고객 대상 접이식 자전거를 99,000원에 출시도 할 수 있었다. 접는 부분을 더 견고하게 만들고, 모양을 날렵하게 만들어, 고객들의 인기를 얻었다. 해당 상품은 단기간에 1만 대가 완판이 될 정도로 인기였고, 대략 10억 원 규모의 매출을 올렸다. 그때 상품을 만들고 다듬어나가는 것이 정말 나름의 희열을 주는 기억이라고 생각했다.

축산 소고기 취급하는 온라인 셀러와 협의해, 처음으로 소고기 부위별 100g 2,900원에 무료배송으로 판매해서, 10분 만에 매출 9,000만 원을 발생한 적이 있다. 통상적으로 소고기는 400g, 500g, 1kg 단위로 판매한다. 100g, 200g 이렇게 작은 단위로는 판매하지 않는다. 그리고 소고기를 여러 부위를 한꺼번에 맛보려면 많은 돈을 지불해야 한다. 그런데 수입산 소고기를 안심, 앞다리, 갈비, 양지, 채끝, 등심, 목심 등 부위별로 100g씩 각 2,900원에 판매했다. 그것도 무료배송으로 말이다.

어떻게 이것이 가능하냐고 말하는 MD나 셀러도 많았지만, 실제로 이러한 행사를 했다. 2021년 당시에는 이렇게 작은 단위로 행사를 한 적이 없었다. 100g에 2,900원이지만, 5팩 사면 1팩 더 증정해주고, 12팩 사면 3팩을 추가 증정해 많은 고객이 열광했다. 이 행사를 통해 이 축산 업체는 단숨에 사람들에게 자신의 상품에 대한 홍보 효과를 보게 되었고, 구매 후 만족한 고객들을 충성 고객으로 확보할 수 있었다. 나름 모험이자 도전이었다. 이러한 행사는 MD와 셀러가 서로 신뢰하고 자신했기에 나올 수 있는 행사 상품이다.

온라인 시장이라는 전쟁터에서
자리 잡느냐 vs 떠나느냐

　이러한 경험을 토대로 필자는, 무수히 많은 셀러들이 판매하고 자리매김하거나 이탈해 나가는 과정들을 꽤 오랫동안 지켜보면서 들었던 생각들을 정리할 수 있었다. 대체로 자기 상품에 대해 애착이 있고 정말 잘 팔리기를 바란다고 말하는데, 잘 팔리기를 바라는 것과 잘 팔기 위해 행동하는 것은 다르다. 그리고 어떤 행동, 활동을 할 수 있냐, 없냐 아니면 하더라도 금방 포기하거나, 금방 실망해버리지 않고 얼마나 오랫동안 끈기를 가지고 기다릴 수 있느냐가 자리매김하느냐, 못하느냐에 결정적이다.

　필자가 집필한 이 책은 기존에 나와 있는 유사한 온라인 유통, 온라인 MD, 온라인 셀러에 관한 책과는 확실히 다른 책이라고 자신한다. 필자가 생생하게 경험했던 있는 그대로의 내용이고, 사실적으로 적으려다 보니 조금 군더더기가 있을 수 있다.

　유통에서 쓰이는 용어, 시스템, 비즈니스 등 어려운 용어를 나열한 책이 아니다. 실제 온라인 유통 현업에서 날 것 그대로 쓰이고 있으며, 온라인 셀러가 자기 사업에 직접 활용할 수 있는 내용들을 담았다. 어떻게 온라인 유통 시장에 뛰어들고, 어떤 목표나 계획을 세울지, 그리고 온라인 MD와 어떻게 소통하면 좋을지 등도 있다.

필자가 온라인 MD로 실무를 하고 있어 온라인 MD들의 처지, 입장에 대한 솔직한 생각들도 있다. 그저 패러다임, 마케팅, 프로모션 등, 용어 자체의 개념이나 이론에 빠져 있지 않고, 지금 당장이라도 활용할 수 있는 내용을 담으려고 애썼다. 직접 온라인 셀러로 활동하고 있거나 온라인 셀러에 도전하려는 이들에게 실질적인 도움이 되리라고 생각한다.

온라인 셀러, 제2의 인생을 꿈꾸는 이들에게⋯

이 책을 읽지 않으면 온라인 유통 시장을 절대 이해할 수 없을 것이다. 이렇게 이야기할 정도로 최대한 지금 벌어지고 있는 모습을 담으려고 애썼다. 이 책을 차분히 읽으면, 생생한 현장감을 피부로 경험할 것이다. 그리고 온라인 셀러가 별거 아니구나 하는 생각도 하게 되고 또 새로운 도전의 시작도 가능할 것이다.

그러므로 읽어라! 읽고 또 부족하다 싶으면 언제든 저자의 이메일 주소로 연락을 주면 최대한 성실히 피드백을 주겠다. 언제든 저자와 연결될 수 있고 포기하지만 않으면 언제든 길이 열릴 수 있다. 책을 구매한 독자들에게 무엇을 더 이야기 못 해주겠는가. 언제든 묻고 또 물어주면, 아는 한도 내에서 최대한 답변할 것이다.

온라인 유통 시장에 뛰어들고 싶은 온라인 셀러를 꿈꾸는 이들이나 온라인 유통 MD에 관심이 있는 학생들, 퇴직 후 제2의 인생을 꿈꾸는 이들 모두에게 도움이 되었으면 하는 바람이다. 물론 이 책 하나로 모든 것을 다 풀어낼 수도 없고, 그것을 기대해서도 안 된다고 생각한다. 그러나 이 책의 내용이 조금이라도 새로운 도전을 하려는 이들에게 다른 시각, 다른 생각, 다른 판단, 다른 고민을 하게 해주는 여지, 계기가 되면 좋겠다.

어느 누구든 이 책을 통해 조금이라도, 새로운 도전과 시도를 할 수 있기를 바랄 뿐이다. 그 과정에 아주 작은 도움이라도 된다면 정말 기쁠 것 같다.

김태영

c o n t e n t s

하루에도
1억 이상 팔리는
상품의 비밀

01
나는 어떻게
MD가 되었는가?

대한민국 대형마트의
첫 출발점에서 시작

　대한민국 유통 채널이 백화점에서 대형마트로, 대형마트에서 온라인 쇼핑 채널로 중심축이 옮겨지는 과정 속에서 자연스럽게 온라인 쇼핑 채널로 나 또한 옮겨오게 되었다. 2000년 초반에는 대형마트가 유통 시장의 가장 뜨거운 유통 채널이었다. 그 당시에는 백화점이 유통 채널의 중심이었고, 이제 막 대형마트가 사람들의 관심을 받던 시기였다. 사람들에게 내가 대형마트에서 근무한다고 말하면, 대형마트가 뭐냐고 질문을 하던 때다. 그러한 대형마트에서 처음 직장생활을 시작했다.

　창고형 할인점, 대형마트의 커다란 선반에 벌크 형태로 상품들을 진열하며, 고객들을 상대하는 것이 당시 나의 일이었다. 누가 어떤 상품이 잘 팔리고 어떤 상품들이 고객에게 인기가 있다고 말해주지 않아도 그저 매대에 상품을 채우다보니 자연스레 알게 되었다.

　IMF 이후 조금이라도 더 싼 제품을 찾던 고객들은 대형마트로 몰려들었다. 쇼핑카트에 물건들을 담고, 푸드코트에서 가족들과 점심을 먹는 것이 당시 중산층들의 주말 일상이었다. 그러한 중산층 고객들을 응대하며 나의 20대를 보냈다.

　처음에는 문구 코너의 담당이었다. 대형마트에서 문구류만큼 상품의 종류가 많은 코너가 없었다. 어쩌면 그것이 나의 상품 소싱 욕구를 갖게 한 첫걸음이었는지도 모른다. 너무 많은 종류의 상품을 조금이라도 빨리 진열해야 퇴근 시각을 맞춰서 일을 끝낼 수 있었다. 이렇게 하다 보니 어떻게 상품을 구분하고 어떻게 진열해야 하고, 어떻게 채워야 하는지를 연구하게 되었다. 순전히 야근하지 않고 일찍 퇴근하고 싶은 마음에 남들보다 상품을 더 깊이 들여다보게 되었다.

　문구류 상품 중 노트나 복사지같이 무거운 상품도 있었고, 연필이나 샤프같이 아주 작고 가볍지만 섬세하게 다뤄야 하는 품목들도 있었다. 문구류 안에도 사무용품, 화방용품 등이 있고, 종류가 너무 많아 상품 이름을 외우기도 힘들었다. 그래도 시간이 지날수록 나름의 흥미와 즐거움이 생겼다. 연필의 브랜드, 볼펜 심 두께, 돼지저금통, 복사지 종류 등 이토록 다양한 상품이 있는지 미처 몰랐고, 그 상품들 속에 묻혀 사는 것이 즐거웠다.

　그저 상품을 들여다보고 무엇이 잘 팔리고 무엇이 고객의 사랑을 받는지를 알아가는 것. 그 자체가 MD, 바이어, 상품 매입 담당자에게 필요한 자질로 느껴졌다. 요즘은 누구나 상품에 대한 지식을 가지고 있고, 웬만한 MD보다 상품에 대한 애정을 가진 이들이 더 상품을 잘 안다. 이 말은 누구나 상품을 소싱하고 판매할 수 있는 자질이 있다는 것을 보여주는 것 같다.

이렇게 몇 년간 매일 밤 자정에 매대에 진열된 물건들을 시즌에 맞게 바꿔 진열하며 일상을 보내던 어느 날이었다. 더 이상 물건 진열에 내 시간을 계속 보내는 거 말고 뭔가 다른 도전을 해야겠다고 결심했다. 그리고 물류센터에서 옮겨진 상품들을 고객들이 구매해 갈 수 있게 매장 선반에 잘 진열하는 것 말고, 상품을 개발해서 고객들이 원하는 상품을 내놓고 싶다는 생각을 했다. 그러한 생각이 대형마트 상품 담당 바이어로 자리를 옮기게 해주었다. 어떤 상품이 고객들에게 더 잘 팔릴지를 고민하는 일을 하며 신나게 움직였다. 대형마트 점포에서 물건을 나르고 진열하며 씨름하던 나에게 바이어 일은 더 많은 도전과 부담을 주었다.

상품의 특징과 브랜드, 가격 구성, 홍보, 상품 외관 패키지 등 공부할 건 너무 많았고, 끝이 없는 것만 같았다. 그러나 차츰차츰 적응해서 새로운 상품이 이 세상에 나올 때면, 내 자식 같은 느낌도 들게 되었다. 새 상품이 매출이 부진해 실패로 판정받으면, 내 잘못 같았고 잘 되면 잘 되는 대로 더 새로운 목표가 생겨 더욱 열정이 더해지는 듯했다.

그리고 시간이 조금 지난 뒤, 오프라인 대형 유통사에서 취급하는 상품 바이어보다 더 넓은 세상에서 유통되는 글로벌 상품으로 나의 상품 관심 폭이 늘어났다. 그래서 물류 회사의 글로벌 사업본부의 직구, 역직구 상품 개발 팀장으로 자리를 옮겼다. 지금이야 직구, 역직구가 사람들 입에도 오르내릴 정도로 친숙하지만, 그 당시에는 낯선 영역이었다. 국경을 넘어 새로운 시장, 새로운 고객들을 만난다는 게 절대 쉬운 일이 아니었다. 상품의 경쟁력 외에도 갖춰져야 할 사항들이 적지 않았다.

국내에서는 하루나 이틀 안에 상품을 배송받는 것이 당연하지만, 해외 다른 나라의 고객에게 상품을 팔기 위해서는 국제 특송, 국제 물류가 갖춰져야 했다. 이는 상품 자체보다 배송, 즉 물류 서비스가 더 중요한 것이었다. 다른 나라의 각종 법규도 고려해야 하는 사항이고, 이래저래 여러 가지를 모두 다 고려해야 했다. 그저 상품만 좋으면 된다고 생각했던 나는 아주 큰 충격을 받았다.

국경을 넘나드는 물류망을 통한 상품 직구, 역직구 시장이 국내 상품 유통 시장과는 어떤 점이 다르고, 무엇을 더 준비해야 하는지를 배울 수 있었다. 물론 나라마다 사정이 다르고, 해외 고객들의 성향도 달라서 그것에 맞게 상품을 판매한다는 건 쉬운 일이 아니었다. 그래도 한국이라는 국내 유통 시장에 국한되지 않고 더 넓은 무대를 상대로 활동하는 것이 가능하다는 희망을 아주 조금 품을 수 있었다.

그리고 식품을 직접 제조하는 기업으로 또 자리를 옮겨 제조사에 온라인 유통 DNA를 접목하기 위해 시간을 쏟아부었다. 제조사에서 온라인 유통은 가만히 놔둬도 알아서 매출이 나오는 황금알이 나오는 기회의 땅이라는 인식이 강했던 것 같았다. 자사 제품을 잘 제조했기에 고객의 인기를 얻는 건 당연하다는 프라이드가 도리어 개방, 소통이 더 필요한 온라인 유통에는 걸림돌이 되는 듯 했다. 온라인 유통에서 활동하려는 제조사 입장이, 발목에 모래주머니를 차고 달리는 선수 같은 느낌이었다. 제조 마인드로 유통을 이해하려는 것이 쉽지 않았다.

물론 그래도 제조 영역에서는 자기 자식과도 같은 상품을 내놓고 얼마나 잘 팔아내야 할지, 제조단가, 최소 생산물량 등을 고려하며 상품을 제조한다는 것 또한 쉽지 않은 부분인지를 조금은 알게 되었다.

　제조사는 자신의 제조 상품을 최우선으로 두고 다른 제조사의 상품은 경쟁자이기에, 어느 정도 인정한다는 생각을 하기 어려웠다. 결국은 내 제조 상품이 아닌 다른 제조 상품은 적이라는 인식에서 벗어나기 어려웠다. 그러다 보니, 다시 유통으로 되돌아가고 싶다고 생각했다.

MD는 어떤 상품이 잘 팔리는지 알고 있다

나는 왜 온라인 유통 시장으로 돌아왔을까? 스스로 물어보면, 무수히 많은 상품이 등장하고 사라지는 일촉즉발(一觸卽發)의 트렌드가 매우 빠르게 바뀌는 온라인 시장이 가장 기대되고, 신선했기 때문이다. 여러 차례 직장을 옮기고 지금의 회사에 왔지만, 결국은 상품을 판매하는 유통 플랫폼을 벗어나지 못했다.

도리어 더욱 상품을 가까이에서 보고 취급하며, 지금도 상품 공부를 하고 있다. 또한 상품을 판매하는 셀러들과 소통하며 내가 모르는 미지의 상품 영역에 대해 알아가고 있다. 오늘, 지금 이 시각에도 고객들의 반응을 살피고 내가 취급하는 상품의 매출이 얼마나 나올지가 나의 관심사다. 물론 나와 거래하는 온라인 셀러들을 통해서, 고객들과 만난다. 지금의 내 일이 온라인 유통 시장에서 아주 작게나마 역할을 하고 있다고 자부하며, 오늘도 상품에 대해 배워가고 있다.

매번 1억씩 빵빵 터트리는
상품의 비밀?

어떻게 행사할 때마다 매출을 1억 원씩 빵빵 터트릴 수 있었을까? 그 비결을 어떻게 하면 알 수 있을까? 백전노장(百戰老將), 베테랑 MD와 잘 소통하면 높은 매출을 올리는 원샷원킬(One Shot, One Kill)의 비법을 가질 수 있다. MD에게 자기 브랜드, 상품을 평가받아보면 좋다. 고객들을 끌어들이는 비법을 배울 수 있다. MD들은 웬만한 제품은 보면 안다. 잘 팔릴지, 아닐지를. 그러므로 MD들에게 먼저 선보이고 그들의 눈높이를 통과하는 것이 관건이다. 모자라는 부분을 MD와 같이 정성을 다해 같이 다듬고 만들면 분명 길은 열린다.

물론 MD들이라고 모든 것을 성공시키는 건 아니다. 그들도 실패하고 놓치기도 한다. 그러나 그들은 이미 잘 팔리고 있는 제품들의 주요 강점을 보고, 따라 할 줄 안다. 따라 한 뒤에 브랜드에 맞게 잘 고친다. 새로이 다듬는다. 이렇게 아이디어를 빌리고 주요 홍보문구 한 줄을 가져온다. 그리고 브랜드에 맞게 수정한다. 이렇게 빌려와서 계속 다듬어가다 보면 잘 팔 수 있는 기술과 노하우를 그 브랜드에 녹여낼 수 있다.

까칠하고 매일 같이 바뀌는 고객들의 마음을 사로잡기 위해서는 지금 통용되는 키워드, 고객들의 불안을 잠재워주는 신뢰, 매혹적인 문구, 상품 이미지 등을 내놓아야 한다. 그래야 고객들의 눈에 들 수 있다. 때로는 고객들은 자신이 무엇을 원하는지도 모른다. 그런 고객들에게는 무엇이 필요한지를 거꾸로 알려주어야 한다. 파는 것이 아니라 사게 만들어야 한다. 알아서 찾아와서 공감하고 고마워하게 만들어야 한다. 그럴 수 있게 채워줘야 한다.

내 브랜드에 고객들이 빨려들어갈 만한 그런 강점과 가치가 안 보이는가? 그러면 그것을 끄집어낼 수 있게 더욱더 MD와 만나야 한다. 그리고 MD에게 내 브랜드에 대해 촌철살인(寸鐵殺人), 한마디로 어필할 무언가를 가지고 가야 한다. 그리고 그들에게 어필해야 한다. 이렇게 MD라는 관문을 통과하고 그들과 연결되면 될수록 내 브랜드의 가치와 매출은 더 높아질 수밖에 없다.

정말 정성을 다해 상품을 만들고 브랜드를 구축했으면, 그다음에는 나에게 천군만마(千君輓馬)가 될 베테랑 MD와 만나는 데 공을 들여라. 그러면 MD가 나만큼이나 내 브랜드에 정성을 쏟고 노력할 것이다. 잘 팔리는 상품이 되게 온갖 힘을 쏟을 것이다. 온라인 유통에서 브랜드 가치를 띄우는 데 이만한 유용한 길은 없다고 본다. 그러므로 지금 당장 MD와 연결될 궁리를 해라. 그것이 가장 빠르고 쉬운 길이다.

잘 팔릴 만한 상품, 새로 만들지 말고 빌려라

주말에 묵직한 볼트를 풀어야 하는데, 집에 멍키스패너가 없었다. 갑자기 필요해서 다이소에 가서 한 개 사 왔다. 5,000원이니까 새로 사서 쓰자는 생각이었다. 그런데 만약 이것이 3만 원, 5만 원이었다면 사왔을까? 아마도 옆집 문을 두드려서 빌려달라고 했을 것이다. 잠시 쓰는데, 몇만 원 쓰는 것이 부담이기 때문이다. 내가 가지고 있는 것이 아닌데, 잠시 빌려 써도 되는 것이라면 빌리는 것이 어떨까 싶다.

　브랜드 및 상품 판매자에게도 비슷한 사례가 적용될 수 있을 것이다. 잘 팔고 싶고 잘 알리고 싶은데, 특별한 비법이나 아이디어가 없을 때, 무작정 남에게 맡겨서 마케팅 비용을 더 들이는 것보다는 MD와 잘 소통해서 이미 잘 팔리고 있는 브랜드나 상품의 사례를 들어보는 것이 좋다. 이미 활발히 활동하고 있는 남의 것을 보면서 나의 것에 잘 적용할 거리를 구상해보면 좋을 것이다. 이미 고객들에게 잘 홍보하고 잘 판매해서 자리매김한 곳은 이미 그 분야의 고수다. 그 고수들의 모습을 엿보는 건 도움이 된다.

　물론 표절이라고 이야기할 정도로 고스란히 베끼면 곤란하다. 포맷은 빌리되, 그 안에 담긴 콘텐츠는 달라야 한다. 벤치마킹 대상의 상품을 보며, 내 브랜드의 가치와 내 상품의 특장점을 더 어필할 수 있게 더 보강해야 한다. 시시때때로 어떻게 상품을 홍보하고 판매할지 막막할 수가 있다. 그럴 때 MD의 의견을 들어서 MD의 시각, 판단을 빌려오는 건 아주 현명한 모습이다.

　판매자가 팔려는 과일의 총중량이 얼마인지, 개당 무게가 얼마인지? 어느 품종인지를 세세하게 파악해야 행사가격을 정할 수 있다. 그리고 고객들이 어떤 상품 상세이미지나 홍보문구를 써야 좋아하는지도 미리 알고 준비한다면 그냥 막연하게 뛰어드는 판매자보다 훨씬 고객들과 잘 소통하고 잘 어필해서 매출을 더 낼 수 있을 것이다. 그러므로 MD와 이야기를 많이 나누는 것이 좋다.

　혼자서 모든 것을, 새로이 만들겠다고 하면, 제대로 상품이 구성되는지, 가격은 적당한지, 고객 응대는 어떻게 할지 등등 챙길 것이 너무 많고 어떻게 조합해야 할지 모를 때도 많다. 그럴 때 MD를 통하면 그냥 일사천리로 쭉쭉 진도를 나가는 경우가 많다. 그러므로 MD와 통하는 것이 필요하다. MD의 도움으로 행사 상품을 기획하고 홍보문구를 정하고 가격을 책정한다면 충분히 시장에서 두드러진 성과를 낼 수 있을 것이다.

03 매출을 올리기 위한 첫 번째 전략, MD와 소통하라

MD들은 매일 잘 팔리는 상품을 찾아 나선다. 많은 브랜드와 협력해, 오늘 당장, 고객들에게 잘 어필할 수 있는 브랜드, 상품으로 시장에 내놓는다. 그리고 매일 고객들의 평가를 받는다. 때로는 성공하고 때로는 실패한다. 성공과 실패를 매일 반복하면서 다음 행사를 준비한다. 그들에게 유통 시장은 매일 숨 쉬고 놀고 일하는 삶의 터전이다.

MD들은 매일 전쟁터에 나서는 전사와 같다. MD들은 전쟁터에 나서는 백전노장이다. 그들은 수많은 실패와 성공을 지켜본 사람들이다. 그래서 MD들과 잘 연결되고, 잘 소통하면 성공하는 브랜드, 상품을 만드는 건, 충분히 가능한 일이다. MD들의 노하우를 잘 이용하고 활용하기만 하면, 잘 팔리는 성공 브랜드를 구축하는 지름길에 들어섰다고 보면 맞다.

MD들은 날마다 전날 매출 실적 데이터를 확인한다. 어느 브랜드가 상위 검색 키워드를 차지했는지 살펴본다. 그리고 어느 상품이 매출이 많이 나왔고, 이익이 얼마이며, 몇 명의 고객이 몇 개를 구매했는지 등을 파악한다. 남성 고객인지, 여성 고객인지, 연령대는 어느 정도인지, 고객당 구매 객단가가 얼마인지, 그 고객의 구매 건당 단가가 얼마인지도 확인한다. 그리고 각 상품, 브랜드들의 실적을 평가한다. 이렇게 매일 동물적인 감각을 가지고 활동해야 하는 MD는 당연히 각종 비밀 데이터를 가지고 있다.

  김치 상품을 취급하는 MD는 김치의 종류를 알고 있다. 포기김치, 깍두기, 총각김치, 열무김치, 물김치 등 종류를 파악하고 있고, 중량별 판매 단가도 어느 정도 머릿속에 들어 있다. 포기김치 10kg의 가격이 2만 9,000원이 가능한지, 3만 5,000원이어야 하는지 등을 가늠한다. CJ김치든 종가집김치든 상위 브랜드의 김치가격이 어느 정도 하고 중소 브랜드의 김치가 어느 정도여야 하는지를 점검한다. 그리고 대기업 브랜드를 뛰어넘는 중소 브랜드 김치여도, 시장을 선점하게 만든다.

  상품을 직접 담당하는 실무자 MD와 매끄럽게 소통하고 이야기하는 시간이 늘어나면 날수록 그 브랜드는 시장에서 잘 팔리는 제품, 잘 알려진 제품이 될 가능성이 올라간다. 그러므로 무엇이 잘 팔리는지 파악하고, 유통 시장에서 선점하는 브랜드를 구축하기위해 MD와의 연결은 꼭 필요하다. 어떻게 연결될지를 차근차근 알아본다. 어려울 것 같지만, 하나둘씩 시도하다 보면 그다지 어려운 일이 아님을 알게 된다.

  큰돈 들여 브랜드 홍보만 하면 매출이 늘어나는가? 잘 알리면 매출이 올라갈까? 과거에는 마케팅만 하면 매출도 늘고 잘 알려졌을 수 있다. 그러나 지금은 다르다. 홍보 마케팅을 하는 곳이 너무 많아서 사람들의 반응이 무덤덤하다. 쏟아지는 광고, 마케팅에 사람들이 식상하고 지루해한다. 그리고 돈은 돈대로 든다. 그러니 무작정 마케팅하기보다는 MD와 연결되는 데 신경 쓰는 것이 더 낫다. 곧바로 매출로 연결해줄 MD와 소통하는 것이 가장 나은 법이다.

MD들은 군더더기를 싫어한다. 제품 명칭을 묻는다. 그리고 제품명으로 네이버, 다나와, 에누리에서 검색해보고 얼마에 판매되고 있는지 확인한다. 그리고 행사가격이 얼마인지도 확인한다. 유사한 상품군 제품이 얼마에 팔리고 매출이 얼마나 나왔는지도 파악한다. 기존 상품들과 비교해 어떤 강점이 있는지도 묻는다. 그리고 1차 평가를 한다. 고객에게 내보이기 전에 자체 점검을 한다. 그런 과정을 거쳐 잘 팔리는 상품을 만든다.

물론 그런 과정을 거치는 것이 불편할 수 있다. 그러나 그런 과정을 통해, 더 매끄럽게 자기 브랜드와 상품을 자리매김한다면 충분히 치를 만한 가치가 있다. 매번 시시각각 변하는 고객들의 구매 패턴과 트렌드를 잘 파악하고 대응하려면, MD와의 공조가 절실하다.

MD들은 브랜드사에 구매 고객들의 연령층, 성별, 구매 주기, 구매 건 단가, 객단가 등 여러 정보를 공유해줄 수 있다. 그러한 지표들을 통해 부족한 부분이 무엇이고 무엇을 보강해야 할지 알 수 있다. 경쟁사의 제품들이 내 상품과 비교해 어떤 성과를 보이는지도 비교할 수 있다. 이러한 검토, 점검은 모두 내 브랜드와 상품이 고객의 관심을 끌도록 돕는 것들이다.

고객들이 끌리는 브랜드를 만들기 위해서는 고객들을 잘 파악하고 고객들이 무엇을 원하며 무엇을 꺼리는지 날마다 연구하고 학습하는 MD들의 이야기가 꼭 필요하다. 그러므로 그들과 가까이 지내면서 같이 상품을 만들고 상표 가치를 더 높이는 것이 좋겠다. MD들과 협업해서 상품명칭을 정하고 홍보문구를 선정하고 상품 상세페이지를 만든다면 더욱 고객의 신뢰를 얻을 수 있을 것이다.

MD와 소통하면
시즌 트렌드를 주도할 수 있다

2023년 들어, 국산 삼겹살보다 수입 삼겹살의 가격이 30% 이상 싸다. 그 때문에 사람들이 국산보다 수입산 돼지고기 코너에 더 몰린다. 어느새 삼겹살 가격도 엄청나게 올라서 사먹기가 겁이 난다. 그렇다고 안 먹고 살 수는 없다. 그래서 어쩔 수 없이 수입 삼겹살을 산다. 그래야 생활비를 감당할 수 있기 때문이다. 이런 상황을 MD들도 안다. 그래서 국산보다 수입산 돼지고기를 고객에게 선보이려고 한다. 상품 셀러들이나 브랜드 기업들은 이런 시즌 트렌드를 MD를 통해 구체적으로 알 수 있다.

2021년 대비 2022년에 돼지고기 수입량이 38% 늘었다고 한다. 기존에는 주로 스페인과 미국에서 돼지고기를 수입했다. 그런데 최근에는 캐나다산이 점점 점유율을 늘려가고 있다. 캐나다산 돼지고기에 적용하던 8.6%의 관세가 0%로 한시적으로 미부과된 덕분이다.

결국 싸서 더 수입하고 사람들이 더 사 먹는 것이었다. 이런 사실도 MD와 소통하면 더 빨리 알 수 있고 남들보다 더 많은 정보를 이용할 수 있다.

홈플러스에서는 2022년 캐나다산 돼지고기를 무려 3,650톤을 팔았다. 2021년 1,155톤에 비해 3배가 늘어난 것이다. 홈플러스 판매가 기준으로 캐나다산 삼겹살 100g당 가격은 1,380원이다. 국산 삼겹살은 2,290원이다. 대략 40% 싸다. 그래서 수입 삼겹살을 사는 것이다. 몇 년 전만 해도 수입 삼겹살은 행사 때, 880원, 980원 정도 했다. 천 원 미만이었다. 그리고 국산 삼겹살은 1,280원, 1,580원 정도 했다. 그러나 이제는 불가능한 가격이 되어버렸다. 이러한 가격 정보도 MD와 소통하면 더 세세하게 파악할 수 있다.

매년 3월 3일은 삼겹살데이다. 유통업체들은 이 시기에 항상 대형 행사를 진행해왔다. 고객들은 이 시기에 조금 많이 사는 경향이 있다. 홈플러스, 이마트, 롯데마트 같은 오프라인 대형마트도, 대형 창고인 이마트 트레이더스나 코스트코도 삼겹살을 주력 상품으로 내놓는다. 그런 시즌에 다른 브랜드나 셀러보다 색다른 상품 행사를 기획해야 더 많은 매출을 올릴 수 있을 것이다.

물론 MD에게 모든 것을 물을 수는 없다. 브랜드사나 판매자들도 시장 조사를 통해 파악해둬야 한다. 자주 이용하는 온라인 쇼핑몰 몇 곳을 둘러보기만 하면 어느 곳이 더 저렴한지, 어떤 새로운 트렌드가 있는지 알 수 있다. 그런 정보를 가지고 MD들에게 알려주면서 공유하면 판매자, 브랜드사들도 다른 정보를 공유받을 수 있다. 어느 한쪽만 전달하는 관계가 아닌, 상호 보완적인 관계를 구축하면 잘 팔리는 브랜드, 상품을 구축할 수 있을 것이다.

그리고 MD와 자주 소통하면, 온라인 유통 채널에서의 기존 구매 고객들의 후기가 얼마나 중요한지, 고객들이 중요하게 평가하는 항목이 무엇인지도 잘 알게 된다. 품질을 우선시하는지, 배송을 더 중요하게 생각하는지를 말이다. 온라인 유통에서는 가격 외에도 여러 가지 고려하는 다른 요인들이 있음을 배우게 된다. 잘 대비해 좋은 브랜드, 상품을 내놓아야 할 것이다.

온라인 MD 첫 성과,
김치 하나로 하루 2억을 팔다

아주 우연히 온라인에서 판매되는 김치 시장에 주목하게 되었다. 김치면 다 똑같은 김치이지, 무슨 차이가 있나라는 안일한 생각으로 접근한 것이 사실이었다. 그러나 내가 오프라인 유통, 물류, 제조사를 거쳐 온라인 MD가 된 것처럼, 다양한 사회 경험을 가진 베테랑 온라인 셀러 사장님과 일하면 좋겠다고 생각했다. 그러던 찰나에 김치 업체와 연결되었다. 그 김치 업체 대표는 왠지 에너지가 넘치고 기존 김치 판매자와 조금 다른 느낌이었다. 아니나 다를까, 처음에는 홈쇼핑에서 오랫동안 가구 판매로 1등을 했던 대표였다. 그런 그가 김치 시장에 뛰어들었고, 나와 연결이 되어 김치 행사를 기획하게 되었다.

우선 다른 업체의 김치와 달라야 한다는 생각을 가장 먼저 했다. '무엇으로 다름을 보여줄 수 있을까?'라고 생각하는 때, 김치 '2+1 행사'로 하자고 했다. 김치 500g으로 소분으로 판매 단위를 낮추고, 500g짜리 2개를 사면 500g 1개를 더 주는 행사를 기획했다. 그리고 김치 종류를 최대한 넓혀 놓고, 골라 담기 형태로 골라서 구매할 수 있게 했다. 깍두기 500g과 포기김치 500g을 사면, 열무김치 500g을 증정으로 받을 수 있게 행사를 구성한 것이다. 이렇게 행사 기획한 상품을 온라인 시장에 내놓았고, 고객들의 반응은 폭발적이었다.

기존 김치 시장에서 단 한 번도 시도하지 않았던 방식이어서 사람들이 '이것이 뭐지?'라는 반응이 있었고, 소분해서 판매하니, 구매 실패를 해도, 큰 부담은 없겠다는 생각도 했던 것 같다. 게다가 500g으로 적게 포장되어 오고, 여러 종류의 김치를 1번 주문해서 구매할 수 있다는 것도 장점이라고 봐준 것 같았다. 특히나 1인 가구의 20, 30대 고객층의 반응이 폭발적이었다. 물론 이러한 행사를 시도한 것은 김치 시장에서는 처음이었지만, 김치가 아닌 다른 식품 상품군에서는 종종 볼 수 있는 행사 기법이었다.

무엇보다 식품은 사람들의 식습관에 잘 부합해야 하는 것이어서, 다른 상품으로 갈아타는 것이 쉽지 않은 상품군이었다. 그래서 처음에는 부담 없이 시도해볼 수 있게, 행사가격이 낮아야 한다. 또한 최대한 많은 고객이 구매하고 섭취할 기회를 제공하는 것이 관건이라고 봤다. 물론 이러한 내 의견에 김치 판매업체 대표가 호응해주고, 같이 만들어가보자고 동의해주어서 세상에 2+1 김치 행사가 나올 수 있었다. 초기에는 될지 안 될지 걱정도 많이 되었지만, 고객들의 반응이 좋아서 나름 고무적이었다. 그리고 난 뒤, 김치 시장에서 또 다른 도전도 할 수 있는 여력이 생겼던 것 같다.

2+1 김치 행사에 만족하지 않고, 10kg 포기김치 행사도 했다. 10kg는 자취하는 1인 가구들이 어느 정도 가격 측면의 저렴함을 기대하면서 사는 중량이다. 라면을 먹거나 간단히 한 끼를 때울 때, 옆에다 두고 먹을 수 있는 국산 김치라면 대략 10kg 정도면 좋겠다는 생각에서 중량을 정했다. 그리고 2, 3kg 살 때

〈생생맛집 김치〉 상세페이지 이미지

보다는 비싸지만 kg단위당 가격이 저렴함을 어필했다. 이번에도 고객들의 호응을 얻을 수 있었다. 김치를 담가먹는 고객은 줄어들고, 1인, 2인 가구들이 더 가격 부담 없이 구매할 수 있으면 좋겠다는 생각에 행사 상품을 기획한 것이 잘 맞아떨어졌다. 이렇게 고객들의 인기를 끄는 상품을 기획하고 매출이 나오면 이것만큼 온라인 MD와 온라인 셀러에게 행복한 일은 없는 것 같다.

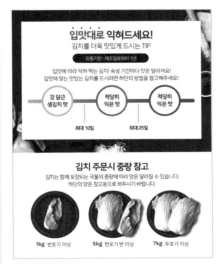

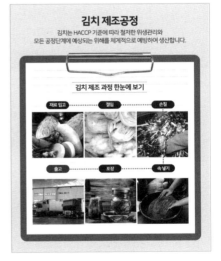

출처 : 저자 제공

Part
02

처음부터
잘 팔리는
브랜드 만들기

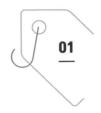

01 브랜드 상품의 첫 체크 포인트

내가 판매할 상품을 선정하기 위해 시장 조사는 가장 먼저 해야 할 단계다. 상품을 잘 선정하기 위해서는 상품, 트렌드, 채널, 고객, 시도라는 5가지 키워드로 접근한다.

첫째, 내가 팔려는 상품의 군집을 대상으로 조사 범위를 정한다. 해당 상품군의 시장 규모, 채널 별 시장 규모, 채널별 성장 여부 매출 상품의 현황, 출시된 상품들의 이름, 가격, 기능들을 조사한다. 그리고 내가 비집고 들어갈 틈이 있는지 살펴본다.

둘째, 상품군의 트렌드를 파악한다. 어떤 새로운 수요가 있는지, 그리고 어떤 트렌드가 쇠퇴하는지도 알아야 한다. 그 상품군에서 출시되는 새로운 상품들은 어떤 특징이 있는지도 본다. 새 상품의 매출은 어떻고, 고객들은 어떻게 반응하는지도 살핀다. 그리고 새로운 특징이 다른 트렌드와 어떻게 연결되는지도 본다. 잠시 잠깐 스쳐 가는 트렌드인지, 아니면 꽤 오래 지속되었는지도 본다.

셋째, 온라인 유통 채널별로도 본다. 채널별로 상품 구성이 다를 수 있다. 더 깊이 조사하다 보면 분명 다른 점도 보인다. 상품 SKU 수, 가격대, 상품 특성별 차이 등 봐야 하는 것이 꽤 많다. 가격을 살피면 가격대가 5,000원, 만 원, 2만 원대인지 아니면 5만 원, 10만 원까지 늘어나는지 등도 봐야 한다. 중심 가격대가 얼마인지, 고객들이 통상 얼마 정도의 가격에 반응하는지도 본다. 이렇게 가격대를 살피다 보면 내 브랜드, 내 상품의 가격을 얼마로 하면 좋을지도 구상할 수 있다.

넷째, 고객들의 반응도 살핀다. 고객들이 무엇을 선호하고 어디에 불편해하는지도 본다. 내가 진출할 상품 시장에 대한 고객들의 인식도 본다. 고객들이 내 브랜드, 내 상품의 예비 고객이 될지, 아니면 배제해야 할 대상인지도 가늠할 수 있다. 고객들의 선호도를 파악하다 보면 내 브랜드에 부족한 것이 무엇인지 살피는 기회가 되기도 한다. 고객들의 반응을 살피는 것이 금방 되는 일이 아니다. 감안하고 조사해야 한다. 고객들의 반응을 잘 살피면 내 브랜드의 시장 진입이 수월해질 수 있다.

다섯째, 마지막으로 상품을 소싱해 시장에 뛰어들기 위해 온라인 유통 채널의 MD에게 의견을 묻는다. 그들은 최일선에서 날마다 고객들의 반응을 살피는 사람들이다. 그들이 정답은 아니지만, 매일같이 시험을 치르는 수험생과 같은 존재이기에 그들의 의견은 중요하다. 그들의 의견을 잘 참고해서 시장에 뛰어드는 최종 결정을 하는 것이 좋겠다. 이러한 시장 조사 과정을 거친다면 한결 매끄럽게 고객에게 내 브랜드, 내 상품을 선보일 수 있을 것이다.

MD가 선호하는
파트너사

　온라인 유통 시장이 활성화되면서 비대면 소통이 늘고 있다. 과거보다 확실히 소통할 수 있는 수단이 많아졌다. 하지만 반대로 MD와 파트너사 간의 의사소통은 더 어려워졌다. 온라인 유통 시장에서는 빠른 업무 진행 속도와 연결성이 시장을 더 확대했지만, 여전히 소수의 브랜드가 온라인 시장을 점유하고 있다. 고객들에게 빠르게 자리매김하는 브랜드일수록, MD와의 소통에 더 공을 들인다. 그것이 매끄럽게 온라인 유통 시장에서 자리 잡는 길이라는 것을 안다.

　온라인 MD들도 업무 효율 때문에 대면 미팅보다 비대면 소통을 선호한다. 얼굴을 보고 안 보고보다 얼마나 잘 맞춰서 소통할 수 있느냐가 관건이다. 온라인 유통 시장에서 좋은 상품은 선보이고 고객들에게 좋은 평가를 받기 위해서는 보이지 않는 곳에서 MD와 소통하는 것이 더욱 중요하다. MD들이 소통이 잘 되는 브랜드와 더 협업하고 같이 기획하는 건, 당연한 일이다. 잘 소통되고 잘 의논하는 브랜드라야, 서로의 정성을 쏟은 것이 결과로 잘 나타나기 때문이다.

　카톡, 네이트온, 메일 등 비대면 소통으로 언제든 편하게 연결될 수 있지만, 더욱 신경을 써야 한다. 어떤 상품으로 행사를 할지 공유하는 것은 이미 판매하고 있는 상품의 URL 정보를 알려주면서 이야기하는 것이 빨리 소통하는 길이다.
　그리고 MD가 묻기 전에, 자기 상품에 대해 간결하게, 최대한 꼭 필요한 요소들을 정리해서 의사소통하면 더욱 자기 상품을 효과적으로 온라인 시장에 내놓을 수 있다. MD들에게 스무고개 식으로 소통하면 MD가 지친다. 그보다는 MD가 상품이나 브랜드를 어떻게 고객에게 내보이는 것이 좋을지를 고민할 시간을 주어야 한다.

MD들은 궁금해하는 부분을 알아서 알려주는 브랜드를 가장 선호한다. 속된 말로 말이 통하는 브랜드와 더 많은 일을 하고 싶어한다. 말이 통해야, 무슨 일이 생겨도 극복하기도 하고, 어려운 일도 헤쳐나갈 수 있기 때문이다. 톤과 매너도 중요하다. 비대면 소통이기에, 이모티콘 하나, 끝말 맺음도 중요하다. 온라인 유통에서 젊은 층들이 많아서 별생각 없이 쓰는 끝말도 누군가에게는 무례함으로 비칠 수 있다. '넹, 옙' 이런 축약어나 물결 표시 '~'도 상대방이 불편해할 수 있다.

비대면인데, 너무 말꼬리나 표현 하나에 집착하는 것이 아니냐고 물을 수도 있다. 그런데 비대면에서 더욱 예의와 표현에 신경을 써야 한다. 브랜드가 홍보문구 하나로 고객의 마음을 사로잡고 놓치듯이 MD들에게도 무례하고 생각 없는 모습을 보이는 브랜드는 싫어한다. 비대면으로 이야기를 주고받으며 좋은 감정, 느낌이 들어야 브랜드를 시장에서 잘 선보이는 데 주력할 수 있다. 불편함, 자꾸 겉도는 이야기는 시작하기도 전에 의욕을 꺾는다. 그러므로 더욱 상대방의 관점에서 준비하고 공유하는 것이 필요하다.

온라인 유통은 대부분이 비대면 소통인데, 이야기 나눠보고 조금이라도 느낌이 별로라고 생각 들면 바로 단절한다. 너무 많은 시행착오를 겪었고, 사람을 상대하면서 겪는 피로감 때문에 더욱 직관을 중시하는 것 같다. 그래서 몇 마디 나눠보고 나와 맞는 느낌이 들지 않으면 곧바로 손절한다(거리를 둔다). 그만큼 상대방과 합을 잘 맞추는 것이 어렵다. 더욱 신경 쓰고 유의해야 할 일이다.

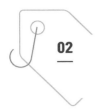

싸지 않고 비싸면 소용없다 –
가성비는 최우선 과제

요즘 같은 시국에 가성비는 최우선 과제다. 싸지 않고 비싸면 소용없다. 고물가, 고환율, 고금리 시대에 고객들이 지갑을 열 수 있게 싼 가격이어야 한다. 온라인 유통에서 잘 되는 0순위는 가격 경쟁력이다. 가격이 싸고 난 다음에 다른 것을 이야기할 수 있어야 한다. 가격이 비싸면, 힘들다. 고객들의 눈에 들기 어렵다. 자리매김하기 어렵다고 보면 맞다. 고물가 고금리 시대에 가격 싼 상품이 품질까지 괜찮다면 사람들이 모여드는 건 당연하다.

오프라인 대형마트 홈플러스에서 짜장라면 '이춘삼 짜장'이 인기를 끌고 있다. 2022년 12월에 출시했는데, 2023년 2월까지 56만 봉이 판매되었다. 두 달 만에 홈플러스 오프라인 전 매장에서 농심 짜파게티를 넘어섰다. 4봉이 들어있는 멀티 팩이 판매가격이 2,000원으로 1봉에 500원이다. 대기업 브랜드 짜장라면보다 50% 가량 싸기 때문에 좋아한다. 이마트 라면도 1봉에 397원이다. 웬만한 라면 1봉보다 절반 가격이다. 그러니 잘 팔릴 수밖에 없다.

온라인 유통 시장은 오프라인에 비해, 각종 광고, 홍보 비용 등이 덜 들어간다. 그러므로 싸야 하는 것이 맞다. 고객들은 가격 비교 검색을 통해 언제든지 어느 곳에서 얼마에 파는지 확인할 수 있다. 그러므로 가격 경쟁력은 무조건 확보해야 한다. 그래야 온라인 유통 시장에서 살아남는 브랜드가 될 수 있다. 한 번, 두 번은 비싸게 팔 수 있을지 몰라도, 계속 이렇게 하다가는 고객들 외면받는 건 당연한 일이다.

만약, 절대 가격을 싸게 하기 어렵다면 단위 사이즈를 낮춰서라도 개당 구매 가격을 조절하는 것을 고려해야 한다. 감자탕 10kg 39,000원보다 2kg 9,900원이 고객들에게 더 가격 측면의 메리트가 클 수 있다. 1, 2인 가구 위주의 온라인 쇼핑 고객들에게 10kg은 단위당 가격이 싸지만, 냉장고 보관 공간 사정이나, 여러 번 나눠서 먹어야 하는 상황 등을 고려해볼 때, 적당하지 않을 수 있다. 그러므로 소량에 더 비싼 것이 되레 고객에게는 가성비 좋게 인식될 수 있다.

주머니 사정이 좋지 못한 고객들의 욕구를 충족시켜 주는 브랜드라야 잘 자리매김할 수 있다. 당연한 이야기다. 온라인 유통은 기본적으로 가성비, 즉 가격을 최우선으로 고객에게 선보여야 한다. 그런 이후에 품질도, 배송도, 고객의 기대치도 부응해야 한다. 가격을 나중으로 하고 다른 것을 이야기하면 어렵다는 말이다. 그러므로 최대한 가격을 최우선으로 챙겨야 한다.

사야 할 이유를
알려주기

내가 왜 이 상품, 이 브랜드를 사야 하는가? 이러한 질문에 대한 명쾌한 답을 줄 수 있어야 한다. 그래야 고객들이 선택한다. 그냥 "이 상품을 사주세요"라고 말한다고 고객들이 "네, 알겠습니다"라고 반응하지 않는다. 그냥, 지나쳐버린다. 왜 사야 하는지 명쾌하게 알려주면 고객들은 산다. 특히나 온라인 유통 시장에서는 바로 장바구니에 담고 결제한다.

돈을 내고 살 만한 가치가 있나? 내가 만족했나? 나의 아쉬운 부분, 가려운 부분을 해결해주는가? 이런 것들이 진짜 충족되어야 고객들은 그 브랜드를 선택한다. 기존 것과 비교해서 무엇이 다른지도 알려주어야 한다. 고객들이 정말 선택 잘했다고 만족해할 수 있어야 한다. 이러한 피드백을 받을 수 있는 브랜드여야 온라인 유통 시장에서 살아남는다.

경쟁이 심한 영역에서 내 브랜드를 부각시키고 자리 잡기는 쉽지 않다. 내가 뛰어들어야 하는 영역이 만약 치열한 경쟁이 있는 곳이라고 하면, 차라리 새로운 영역을 만드는 것이 낫다. 고객들이 기존에 느끼지 못했고 만족하고 불만족했는지를 미처 깨닫지 못하는 영역, 그 영역을 만들어야 한다. 그리고 그 영역에서 고객들에게 사야 할 이유, 명분을 갖춰야 한다. 그리고 고객들에게 계속 어필한다. 그 새 영역에서 내 상품이 온리원(Only One)이라고 어필하는 것이 훨씬 낫다는 말이다. 이렇게 고객에게 새로이 자리매김하고 새로운 즐거움, 만족감을 주어야 한다.

불황이 만연한 지금의 시대에 브랜드가 살아남기란 힘들다. 그러므로 더욱 고객들의 실질적인 이유, 구매할 이유를 잘 알려줘야 한다. 고객들이 당장 눈앞의 불황 때문에 가성비 상품들을 선호하지만, 거기에서 그쳐서는 안 된다. "싸니깐 사라"라는 말은 경쟁 브랜드들이 다 할 수 있는 이야기다. 남들과 비슷한 이야기를 하면서 내 브랜드가 남들보다 더 나아질 거란 기대를 하면 어불성설(語不成說)이다. 말이 안 된다. 어떻게든 새로운 이유, 새로운 만족을 고객에게 줘야 한다. 그래야 고객들의 마음을 흔들어놓는 그런 브랜드로 인식되고 또 전달되어야 한다.

내 브랜드가 이 세상에 없던 새로운 것을 추구하는 것이라고 하면, 고객들은 당연히 관심을 두고 살펴볼 것이다. 고객들이 미처 생각지도 못했던 부분을 알려주고 그 부분을 해결해준다는데, 외면할 고객은 없다. 그러므로 브랜드들은 새 시장을 만들고 새로운 이유를 창조해야 한다. 그러기 위해서는 현장에서 계속 활발히 활동하고 있는 MD들과 잘 연결되어 소통해야 한다. 그래야 고객에게 도움이 되는, 새로운 혜택, 새로운 구매 이유를 만들어낼 수 있을 것이다.

때를 기다리기

기다릴 줄 알아야 한다. 타이밍, 때를 잘 맞춰야 한다. 그러려면 우선은 기다려야 한다. 뭐든 처음 하면 낯설다. 온라인에서 금세 자리 잡고 금방 매출 낼 거 같지만 경쟁이 치열하다. 성실히, 착실하게 지속해서 활동하는 것이 우선 되어야 한다. 적응을 먼저 해야 한다는 것이다. 이렇게 익숙해지고 안 보이던 것이 보이고, 낯설던 것이 손에 익어야 그다음에 뭐든 승부를 볼 수 있다.

무슨 일을 하든 금방 자리 잡게 되지는 않는다. 세상이 그리 호락호락하지 않다. 뭐든 숙성되고 다듬어지려면 시간이 필요하다. 그것을 명심하고 움직여야 한다. 다만 그냥 무턱대고 기다리면 의욕이 안 생기고, 포기하게 되니 최대한 MD와 소통하며 옆에서 코칭받는 것이 좋다. 당장 내 브랜드가 두각을 나타내고 사람들의 인정을 받으면 좋겠지만, 너무 서두르면 되레, 의욕이 꺾인다. 차근차근 두고 보는 것이 좋다.

내 마음대로, 내 바람대로 온라인 유통 시장이 흘러가지 않을 때가 많다. 그래서 쉽게 꺾이지 않는 단단한 마음도 필요하다. 한결같은 마음으로 고객을 생각하고 시장을 바라봐야 한다. 그런 마음가짐이 상품 명칭, 상품 상세설명 등에 녹아 있어야 한다. 그럴 때, 온라인 쇼핑몰에서 안정적으로 자리를 잡을 수 있을 것이다. 혜성처럼 나타나서 엄청나게 매출을 내고 또 갑자기 사라지는 브랜드들이 많다. 왜 그럴까? 초창기에 기대 이상의 매출을 내면 눈높이가 높아져서 실적이 덜 나오면 의욕이 안 생기기 때문이다. 금방 고매출을 내고 승승장구할 거 같다가 그것이 꺾이면 그냥 일하기 싫어지고 동력이 안 생기는 것이다.

한동안은 탄력이 붙을 때까지 기다려줘야 한다. 비행기가 비상할 때, 갑자기 떠오르지 않는다. 적지 않은 시간을 지상에서 바퀴를 굴리며 앞으로 나아가야 한다. 그런 뒤 어느 시기에 갑자기 오른다. 오르는 모습만 볼 때는 그냥 오를 힘이 나는 것처럼 보이지만 절대 그렇지 않다. 밑바닥을 기는 시간이 있어서 올라가는 것이다. 누구에게나 열려 있는 것이 온라인 유통 시장이다. 그래서 누구나 뛰어들지만 실제로 자리 잡고 두각을 나타내는 브랜드는 적다.

누가 못하게 막는 것이 아니다. 스스로 꺾이고 스스로 몰락한다. 온라인 유통 시장을 너무 만만하게 보는 브랜드들이 많다. 유통 채널도 많아서 여기 아니면 저기 입점해서 팔면 된다고 생각한다. 그래서 당장 눈앞에 있는 MD들을 너무 소홀히 하는 경우도 많다. 기다림도 필요하지만, 최대한 상대방과 잘 소통하고 공을 들이겠다는 마음가짐도 필요하다. 잘 팔리는 브랜드를 만들기 위해 때를 기다릴 줄 알아야 한다. 그 기다림을 잘 견디기 위해, MD와 더욱 매끄럽게 소통하는 것이 좋겠다.

03 상품 이미지에
혼을 담아라

상품 이미지 하나에도 혼이 담겨야 한다. 혼이라고 하면 그저 노력, 정성을 조금 쏟은 것으로 끝나지 않는다. 하고 또 하고 정말 토가 나올 정도로 계속 시도해야 한다. 정말 진절머리 날 정도로 계속 시도하고 또 해야 혼이 담기지 않겠는가. 그럴 때 브랜드를 잘 알리는 이미지가 탄생한다.

상품 이미지 촬영에 재능이 없어, 고객들을 유혹할 만한 이미지를 못 만들었다고 말하는 브랜드사가 있었다. 자기네 브랜드는 중소 브랜드여서 그만한 비용을 들일 수 없고, 그럴 만한 안목도 없다고 했다. 이렇게 이야기하는 브랜드 대표에게 말했다. 상품을 개발하고 브랜드를 만드는 데 들인 시간이 얼마나 되느냐고 물었다. 그 대표는 수십 년간 상품 개발하고 또 정성을 들였다고 했다. 이렇게 정성을 들여 오랫동안 사업을 지속해왔는데, 이미지 하나 만드는 데 시간을 못 들이느냐고 되물었다.

미친 듯이 찍고 또 찍고, 경쟁 브랜드사가 어떤 이미지를 고객들에게 선보이는지 관찰하라고 했다. 처음에는 비슷비슷해 보이고 무엇이 뭔지 모를 수 있다. 상품 이미지인지, 분위기를 풍기는 연출 이미지인지, 무엇을 고객들에게 전달하고 싶은지, 의도가 뭔지 해석하지 못할 수도 있다. 그러나 봐야 한다. 엄청나게 많은 상품 이미지를 보다 보면 무언가가 보일 것이다. 보이는 것이 무엇인지 정리해야 한다. 그리고 숨어 있는 의미, 이유를 파악해야 한다. 그러고 나면, 내 브랜드, 내 상품의 이미지는 어떻게 하면 될지가 잡힐 것이다.

기존에 하지 않았던 방식으로, 새롭게, 낯설게 이미지를 만들어라. 새로이 도전하고 시도해라. 그리고 고객들에게, MD들에게 평가받으면 된다. 그러면 이미지 하나가 얼마나 강력하고 매력적인지, 아니면 식상하고 무난하고 별것 없는지를 알게 될 것이다. 계속 교류하면서 정말 최고의 이미지를 만든다. 그리고 내놓는다. 이렇게 만들어내면 정말 고객에게 인정받는 이미지를 선보일 수 있을 것이다.

이미지 하나에 모든 것이 담겨야 한다. 내 브랜드의 콘셉트, 가치, 고객에게 전달하고 싶은 이야기 등 모든 것을 축약해서 넣는다고 생각해야 한다. 그러면 그 이미지가 대충 남에게 맡기는 이미지로 끝나도 되겠는가? 절대 아니다. 우리가 증명사진을 하나를 그냥 찍어서 이력서에 붙일까? 아니다. 내가 낼 수 있는 최상의 헤어스타일에 표정에, 컨디션도 챙기고 정말 신경 써서 사진 촬영을 한다. 그래야 나를 잘 표현할 수 있다고 믿기 때문이다. 마찬가지로 온라인 유통에서 이미지 하나가 주는 임팩트는 엄청나다. 그러므로 정말 혼신의 힘을 담아야 한다. 그래야 온라인 유통에서 뜨는 브랜드가 된다.

기억되기
쉬운 이름

쿠팡은 '쿠폰이 팡팡'이라는 뜻이다. 한때 낯선 채널 이름이었지만 이제는 그 뜻이 무엇인지 모를 정도로 이름이 더 친숙해졌다. 이렇게 많은 사람의 입에 오르내릴수록 그 이름이 가지는 가치는 더 커진다. 마찬가지로 온라인 유통에 뛰어드는 브랜드들은 자기 브랜드의 이름이 사람들에게 쉽게 기억될 수 있게 해야 한다.

술이 빨리 깨는 소주, 이런 브랜드가 있다고 하면 사람들이 완전히 기억하기 쉬울 것이다. 취하려고 먹는 소주인데, 빨리 깬다고 하면 어딘가 어폐가 있는 거 같다. 그러나 이런 미스 매칭이 되레 사람들에게 더 오래 기억된다. 술은 마셨으나 음주운전은 하지 않았다. 이런 말 들은 적 있지 않은가. 비꼬는 말이기는 하지만, 사람들은 한 번 들으면 안 잊어버린다. 이렇게 기억되기 쉬운 브랜드, 상품을 고객에게 선보여야 한다. 그래야 온라인 유통에서 자리매김하고 강자로 우뚝 설 수 있다.

만약 뛰어들려고 하는 시장이 이미 포화이고 다른 브랜드나 상품이 선점해 있다면 어떻게 해야 할까? 대표 브랜드와 대척점에 서거나 그 대표 브랜드의 가치를 비틀어야 한다. 내 브랜드보다 인지도가 높은 브랜드에 싸움을 것은 형식을 취해서 스포트라이트를 같이 받는 것도 방법일 수 있다. 내 브랜드 이름이 약하고 상대 브랜드가 아주 강할 때, 강자의 인기를 이용하는 것이다.

한때, 쿠팡이 이마트를 저격하는 기저귀 행사를 했었다. 왜 그랬을까? 아기엄마들에게는 기저귀를 어디서 사는 것이 싸느냐는 매우 중요한 화두다. 그 당시 쿠팡은 이마트보다 인지도가 낮았다. 그래서 오프라인 유통 강자인 이마트에 가격 경쟁 싸움을 벌였다. 그러면서 자신들이 이마트와 비슷한 급임을 어필하려 했다. 물론 지금은 쿠팡이 이마트보다 더 유통 시장에서 강자여서 그런 일이 재현될 일은 없다. 이러한 사례를 잘 떠올려보면 새로이 진입하려는 브랜드들이 어떤 모습을 보이면 좋을지에 유용한 팁이 될 거 같다.

고객들의 입에 쉽게 오르내리게 단어를 반복하거나, 아니면 언어유희도 가미하면 더 좋다. 브랜드 명칭 자체가 이미 정해져 있다면 그 브랜드를 설명하는 홍보문구를 덧붙여서 그 브랜드 이름을 친숙하게 만드는 것도 방법이다. 어떻든 고객들 입에 철석같이 붙는다면 그 브랜드의 성공은 떼놓은 당상일 것이다.

짧고
강렬한 표현

온라인 유통에서 사람들은 웬만해서는 온라인 상품을 들여다보지 않는다. 다들 비슷비슷해 보이기 때문이다. 그런데 상품 명칭 하나, 이미지 하나에 눈이 돌아갈 때가 있다. 때로는 말이 필요 없다. 먹음직스러운 과일 이미지 하나가 그냥 그 상품의 승패를 좌우할 때가 있다. 상품 명칭 하나에 그냥 빨려 들어갈 때가 있다.

'인생 고기, 인생은 고기에서 고기다.' 뻔한 말로 느껴질 수 있어도 이것이 고기 브랜드로 고객들에게 각인되기 쉬울 수 있다. 별거아닐 수 있지만, 다른 축산 고기를 판매하는 판매상보다는 이 고객브랜드로 고객들에게 접근하면 더 많은 매출을 낼 수 있지 않겠는가. 이런 건, 그냥 생기는 것이 아니다. 평소에 다양한 광고카피나경쟁사의 유용한 홍보문구를 살펴봐야 나오는 거다. 이 또한 MD를통하면 다양한 사례를 접할 수 있어 도움을 얻을 수 있다.

짧고 강렬한 한마디가 주저리주저리 너무 많은 정보를 주는 것보다 나을 수도 있다. 때로는 간단명료해야 하고 어떨 때는 아주 자세하고 상세해야 할 수 있다. 그러한 수위 조절도 MD를 옆에 두고조언을 들으면 수월하게 조정할 수 있다. 잘 팔리는 상품, 잘 알려진 브랜드를 만들어가는 데에 브랜드사, 판매자와 MD와의 관계는여러 방면에서 필수다.

온라인 유통에서 고객들에게 작은 즐거움을 제공해주는 브랜드는쉽게 기억되고, 쉽게 다른 사람에게 널리 확산된다. 사람들 입에 오르내리는 만큼 매출이 쌓일 것이다. 어떨 때는 진짜 상품의 효용보다어떻게 전달되느냐가 더 중요할 때가 많다. 상품력도 중요하지만, 그상품을 잘 전달하는 아이디어가 더 필요한 시대에 우리는 살고 있다.

고객의 마음을 얻는 것이 갈수록 더 어려워지고 있다. 온라인 유통에서 고객들이 내 상품을 클릭해서 살펴보지 않으면, 아예 매출이 일어날 가능성이 없다. 일단 클릭하고 들어와서 보게 만들어야 한다. 구경하게 해야 한다. 그러려면 눈을 매혹시켜야 한다. 눈에 끌려야 한다. 이렇게 설레게 하고 끌리게 하는 이미지, 제품 명칭이어야 한다.

판매자, 브랜드가 하고 싶은 이야기가 아니라, 고객이 듣고 싶어 하고, 보고 싶어 하는 제품명, 이미지이어야 한다. 내가 어떤 상품, 브랜드를 가지고 있느냐가 중요한 것이 아니다. 고객이 필요한 상품, 브랜드를 가진 것이 중요하고, 그것을 잘 표현해서 전달하는 것이 중요하다. 그것을 MD와 같이 만들어가야, 고객에게 한 발짝 더 다가가는 것이 쉬워질 것이다.

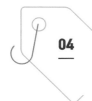

04 제품을 팔지 말고 브랜드 가치를 팔라는 뻔하고 중요한 이야기

온라인 고객들은 오프라인보다 변심이 심하다. 쉽게 구매할 수 있고 또 환불할 수 있어, 양날의 칼처럼 오락가락한다. 그런 체리피커(Cherry Picker) 고객들을 브랜드나 판매자들은 부담스러워한다. 언제든 이탈해버리는 고객들을 보면서 과연 이 고객들을 나의 충성고객으로 삼을 수 있겠냐는 고민을 하며 혼란스러워한다. 그래서 정말 '찐 고객'이라고 생각되면 그 고객을 잘 유지 확보하려는 노력을 기울여야 한다. 그래야 매출도 유지하고 브랜드 가치도 지속시킬 수 있다.

온라인 유통 고객들이 락인(Lock-in)되기 쉽지 않다. 락인은 자물쇠에 잠긴 것처럼 고정된 완전 충성고객이 되어서 브랜드를 추종하는 것을 의미한다. 다른 온라인 유통 채널에서 파는 똑같은 상품이 너무 많기 때문이다. 선택의 폭이 너무 넓어서 어느 것 하나에 안착하지 않는다. 조금만 싸면 언제든 다른 브랜드로 옮겨 다닌다. 그런 특성이 있기 때문에 더욱 온라인 고객을 확보하는 데에 공을 들여야 한다. 온라인 유통 플랫폼들도 그래서 멤버십 제도를 활성화하려고 애쓴다. 이처럼 브랜드들도 각종 충성 고객 확보에 노력할 필요가 있다.

내 브랜드에 충성도가 높은 고객들은 다른 상품에 쉽게 눈을 돌리지 않는다. 이미 만족했고 친숙하기 때문에 대체 브랜드를 찾아다니지 않는다. 이렇게까지 락인될 정도로 공을 잘 들이면 신규 고객보다 몇 배 이상 매출이나 이익으로 보답을 해준다. 그러므로 정말 찐 고객이 누구인지 파악해둬야 한다. 최대한 타깃 고객층을 압축하고 좁혀진 고객의 문제, 바람을 파악하기 위해 노력해야 한다. 그 고객들이 미처 알지 못하는 더 큰 문제에 대해서도 알아둬야 한다. 그래야 그 고객을 꽉 붙들어 맬 수 있다.

압축된 타깃 고객의 고민을 해결해줘야 하고, 그 해결책이 그 고객에게 적합하다는 근거도 제시해줘야 한다. 또한 문제가 해결되면 얼마나 만족할지도 보여줘야 한다. 이렇게 정성을 다하면 고객이 만족하지 않을 리가 있겠는가. 그리고 그러한 만족은 고객 후기 작성으로 이어질 가능성이 크다. 또한 만족한 후기는 다른 고객들이 구매 여부를 결정하는 데 도움이 된다. 선순환이 이뤄지는 것이다.

찐 고객은 일반 고객보다 더 많이 요구하고 더 많이 어필한다. 그 들의 요구에 하나하나 귀 기울이고 해결해나가는 노력을 기울이면 그것이 다 쌓여서 찐 고객층을 확보하는 데 도움이 되고 또, 향후 어떤 고객을 내 브랜드의 주요 고객으로 삼을지 판단하게도 해준다. 그러므로 나의 타깃 고객을 최대한 좁히고 깊게 파고드는 것이 좋다. 모두에게 만족하는 브랜드를 만들 생각 보다 정말 압축된 내 찐 고객에게 만족하는 브랜드를 구축하는 것이 훨씬 현명한 모습이다.

내 브랜드 가치
수립

　제품을 팔지 말고 브랜드 가치를 팔아라! 뻔한 이야기다. 그러나 중요하다. 내 브랜드 가치, 그것이 뭐냐? 그것을 알기도 쉽지 않다. 내 브랜드가 고객에게 전달하려는 가치가 무엇인지 명쾌하게 설명할 수 있어야 한다. 간단명료하게 전달할 수 있어야 한다. 그러한 브랜드 아래에 있는 상품들을 선보일 때, 고객들이 상품을 구매하고 이용한 뒤 느끼는 만족에 그치는 것이 아니라, 더 높은 상위의 만족을 가질 수 있다.

　상품 자체의 효용에 그치지 않게 해야 한다. 내가 이 상품을 사는 이유, 고객에게 더 고차원의 느낌이 들게 해준다면 고객에게 일거양득 같은 기분을 가지게 해준다. 제품이나 서비스의 효능은 당연히 만족되어야 하고 그다음에는 고객에게 마음속 깊이 숨어 있는 더 나아지고 싶은 마음, 내가 더 멋진 사람이고 더 대단한 사람인이라고 인식하고 싶게 하는 그 욕망도 건드려줘야 한다.

　고객에게 파는 것이 아니라, 고객이 사게 만들어야 한다. 온라인 유통이기에 시식할 수도 없고 상품을 직접 눈앞에서 시연할 수 없다. 대신 이미지와 동영상 등으로 충분히 고객들에게 다가갈 수 있다. 그런 만큼 짧고 강렬해야 한다. 주저리주저리 설명할 시간이 없다. 너무 많이 보여주면 도대체 그래서 무엇을 이야기하려는 거냐며 의아해할 수도 있다. 그저 고객에게 원픽(One Pick)할 수 있게 해줘야 한다. 딱 보면 바로 느껴져야 한다. "아, 이거다"라는 말이 나와야 한다. 이렇게 되도록 상품 가격도, 제품 명칭도, 이미지도 맞춰져야 한다.

고기양도 적고, 국산도 아니고, 무엇이 나은지 모르겠다. 이런 아기가 고객들 입에서 나오면 실패한 거다. 그보다는 다른 느낌, 이미지를 줘야 한다. 정말 고급이고 적지만 딱 한 점 먹어도 최상의 맛을 느낄 수 있다. 그리고 고객들의 아쉬운 지갑 사정을 감안한 최상급이다. 이런 어필을 할 수 있는 상품 홍보, 브랜드 가치여야 고객들이 흔들리지 않겠는가.

왜 이 상품을 고객이 사야 하는지, 그 이유를 판매자가 브랜드사가 고객들에게 제공해줘야 한다. 당신이 이 상품을 이 브랜드를 선택해야 할 이유를 제시하고 고객들이 수긍하게 해줘야 한다. 그러려면 고객들이 듣고 싶어 하는 이야기를 해야 한다. 그리고 그 이야기가 상품명, 가격, 상품 상세설명에 일목요연하게 녹아 있어야 한다. 오프라인과 다르게 온라인에서만 통용되는 여러 상황을 잘 파악한 뒤, 그에 걸맞게 준비하는 브랜드는 당연히 온라인 유통에서 승승장구할 수밖에 없다.

내 상품의
가치와 의미

가치를 더하고 의미를 더해 남들보다 비싸게 팔아도 될 상품을 만든다. 나만의 가치를 더해서 더 비싸게 팔 궁리를 한다. 남들보다 500원, 1,000원 더 싸게 상품 만들어서, 더 싼 판매가로 고객에게 다가가는 것 말고, 남들보다 비싸게 팔 궁리를 한다. 물론 쉽지 않다. 그러나 이것을 목표로 삼고 움직이는 것이 좋다. 그래야 얇은 지갑 사정에도 불구하고 사람들이 흔쾌히 지갑을 열고, 셀러는 오래 온라인 판매업을 할 수 있을 것이다.

불경기, 소득 감소, 집값 급등으로 경제적으로 힘들게 사는 사람들이 더욱 늘고 있다. 그럴수록 자기만의 가치, 만족을 추구하는 이들이 늘어난다. 모든 품목을 비싸게 살 수 없지만, 어느 한 분야에서는 자기만의 신념으로 더 돈을 치르더라도 사고 싶은 품목이 있는 법이다. 그러므로 모든 고객을 대상으로 하지 않아도 된다. 특정한 고객층을 공략해도 된다는 말이다. 결혼도 안 하고, 집도 사지 않지만, 그 대신 자기만의 신념으로 물건을 사는 사람들을 고객으로 삼아본다.

그런 고객들을 상대로 한다면, 나름의 성능과 만족감을 더해서 그들을 기쁘게 해줄 수 있다. 아령 하나를 팔더라도 손잡이 부위를 더 편하게 만들거나, 모양을 부드러운 느낌을 준다면 고객들이 그에 만족하고 더 좋아할 수도 있다. 고급 헬스클럽에 가는 대신, 집에서 조금 고가의 아령으로 운동하는 만족을 얻으려는 사람들이 있을 것이다. 그런 고객에게 조금 비싸지만, 디자인력이 가미된 아령은 충분히 구매할 만한 상품이 된다.

메인 상품이 아닌 비주류 상품이어도 충분히 주류 상품의 가격대로도 출시할 수 있다. 오디오나 음향 기기의 보조용 기기라고 볼 수 있는 이어폰에도 중고가 상품이 있다. 이어폰으로도 몇십만 원대의 상품이 있다. 편의점에서 5,000원, 1만 원에도 살 수 있는 이어폰 상품에도 고급화를 추구하면 하이엔드 상품, 고가 상품군을 만들어낼 수 있다. 전문 카테고리 킬러 매장에 적합한 고가의 상품들 말이다.

물론 그런 고가의 상품들이 일반 대중 모두를 위한 상품은 아닐 것이다. 독특한 특정 구매 집단을 위한 것이다. 과거에는 그런 소비를 하는 이들이 주변 사람들에게 별종 취급받고 오해를 받았다면 이제는 그런 것도 자신만의 스타일, 라이프스타일을 추구하는 새로운 경향으로 인식된다. 그러므로 변하는 트렌드에 맞게 중고가의 상품도 만들어낼 필요가 있다. 무조건 가격으로만 승부해서는 남들과 다른 차별화 시도는 쉽지 않다. 명심해야 할 일이다.

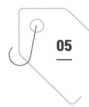

브랜드 상품의
구체적인 판매 계획

　브랜드 상품 판매 계획은 구체적인 실천 방법이어야 한다. 뜬구름 잡는 이야기에 빠지지 말고 아주 사소해보여도 직접 행동으로 옮길 수 있는 계획을 갖춘다. 그래야 한다. 사람은 누구나 수월하게 일하고 많은 성과를 얻고 싶어 한다. 그런데 세상에 그런 것은 없다. 그리고 막연하면 어떻게 행동해야 할지 갈피를 못 잡게 된다. 그래서 단순하게 꾸준히 매일 같이 움직일 수 있게 계획을 세워야 한다. 매일 행동으로 움직이려면 아주 쉬운 단순한 일이어야 한다. 적어도 처음에는 말이다.

　바람을 이루어나가는 과정 중에 수많은 어려움을 만나게 된다. 그래서 쉽게 무너지기도 한다. 포기하려는 마음도 많이 생긴다. 그래서 초기에는 아주 단순하고 행동하기 쉬운 실천 계획을 세우는 것이 필요하다. 최대한 부담 덜하게 시작하는 것이 중요하다. 이렇게 시작하고 움직이다 보면, 조금씩 아쉽고 답답한 부분도 보인다. 행동하다 보면 계획의 부족한 부분들을 수정해 나간다. 이렇게 차츰차츰 계획을 다듬어나간다. 오직 실천만이 살길이라고 생각한다. 실천할 수 없는 계획은 허상이고 무리다. 내게 맞는 계획이어야 한다.

남들이 세운 계획도 엿본다. 궁금한 것들은 물어본다. 어떻게 계획을 세웠는지, 어떤 목표를 가졌는지, 어떤 행동을 할 예정인지 등등 많은 질문을 준비한다. 그리고 그들에게 진심으로 대한다. 조심스레 그들의 노고를 인정하고 그들이 걸어온 힘든 과정을 조심스레 알아간다. 내가 걸어가려는 길을 먼저 걸어본 이들에게 묻는 건 정말 유용하다. 잘 물어보는 것도 실천 계획을 세우는 데 도움이 된다.

이 계획은 누군가에게 보고하기 위한 자료가 아니라, 나 스스로 실행하기 위한 계획이다. 그러므로 양식, 서식 이런 것에 얽매일 필요 없다. 다만 내가 나중에라도 끄집어내보고 확인할 수 있게 기재되어 있으면 된다. 몇 달 뒤에 보고, 또 다음 해에 봐도 알아보기 쉬울 정도로 작성되어 있어야 한다. 그래야 나중에 언제든 꺼내어서 수정, 보완할 수 있어야 한다. 실행하면서 수정 보완해서 더 나은 실행, 실천을 하기 위함이다.

지속적으로 실천할 수 있는 행동 습관이 바탕이 된 계획은 우리의 업을 더욱 단단하게 해준다. 직접적으로 바로 행동할 수 있는 계획은 살아 있고 생동감 넘치는 것이다. 그러므로 차근차근 작성하되, 너무 많은 조건, 요건들이 포함되지 않는 것이 좋겠다. 대략적인 계획이라도 좋다. 실행하면서 더 좋게 다듬는 것이 훨씬 낫다. 처음부터 너무 세부적이고 많은 과정, 계획을 세우면 제대로 해보기도 전에 포기하기 쉽다. 하나둘씩 차근차근 시작해보자.

사업 KPI
수립하기

　포기하지 않고 계속 시도하며 나의 길은 열어 간다. 쉽지 않은 일이라고 포기하지 않는다. 지금은 경제 위기, 불황이 더 심해지고 있다. 이런 상황을 잘 고려해야 한다. 내가 목표를 세우고 실천하는 것도 상황이 충분히 고려해야 한다. 앞으로 계속될 어려운 현실을 잘 견딜 수 있는 사업 체질을 갖춰야 한다. 힘든 현실에 맞는 목표를 가져야 한다. 내가 처한 한계와 속박을 잘 생각해야 한다. 그래야 망하지 않고 사업을 지속할 수 있다. 이것이 사업 KPI(Key Perform ance Indicator, 핵심성과지표) 수립이다.

　남들과 다른 자기만의 독창성이 있는 상품을 내세워야 사람들에게 잘 팔 수 있다. 나름의 가치가 있어야 한다. 그 가치는 고객이 먼저 알고 셀러에게 알려주는 것이 아니다. 셀러가 상품에 의미와 가치를 반영해야 한다. 그리고 그 가치를 잘 알리기 위한 계획도 있어야 한다. 내가 온라인 시장에서 어떤 목표로 움직이는지, 스스로 계속 묻고 찾아야 한다. 나의 목표는 내가 움직이는 방향이 되므로 더욱 신중히 고민해서 세워야 한다.

　'나는 국내에 당뇨환자들이 혈당 수치를 걱정하지 않고 김치를 마음껏 먹게 하겠다.' 이것이 내 목표가 될 수도 있다. 그러면 내가 파는 김치는 당뇨환자들을 위한 식품이다. 김치를 당뇨 환자들이 부담 없이 먹게 해준다면 얼마나 좋은 의도인가? 모든 고객을 내 고객으로 삼지 않아도 된다. 당뇨환자들만 내 고객으로 삼으면 되는 것이다. 모든 고객을 만족시키겠다는 마음은 모든 고객에게 외면받을 수 있다. 최대한 내 고객층을 좁히고 그들에게 맞추려는 계획을 갖는다.

갖춰진 틀에 머무를 생각하지 않는다. 온라인 유통은 변화와 적응이 빠르다. 어제 맞았던 것이 오늘 틀릴 수 있고 오늘 틀린 것이 내일 맞을 수도 있다. 그만큼 유연해야 한다. 온라인 판매 사업을 소규모로 하면서 남들보다 더욱 빠르게 적응하고 도입하겠다는 각오를 한다. 남들과 다른 나만의 가치를 위해 더 고민하고 더 구상한다. 비슷한 상품을 내놓으면 온라인 시장에서 소외된다. 철저히 나만 제공하는 가치, 상품을 고객에게 선보인다고 다짐해야 한다. 그래야 살아남고 자리매김할 수 있다.

앞으로는 반골이 성공하는 시대가 된다. 경제 사정이 안 좋기 때문에 어떻게 든 싼 제품을 사려는 소비습관이 강해질 것이다. 그리고 건강을 중시하는 중산층 이상의 소비도 늘 것이다. 고령화 시대가 점점 오고 있어, 건강식은 더 인기를 얻을 것이다. 불황도 트렌드이고 건강을 더 소중히 생각하는 것도 트렌드다. 이러한 상황에 맞는 그런 나의 가치, 목표를 만들어야 되겠다.

자금 관리 –
자금 확보 계획

'안 좋은 일이 왜 나에게만 생길까?' 하며 자책하고 원망할 수 있다. 그런데 잘 생각해보면, 그것이 또 다른 기회나 계기가 될 수도 있다. 일이 터지고 나면 그 일을 겪으며 배우게 된다. 힘들고 어려웠던 일을 통해 앞으로 그와 비슷한 일이 발생할 때 어떻게 대응할지를 생각한다. 위기 대응 계획으로 삼을 수 있다. 앞으로 닥칠 수 있는 위협을 최소화하는 계획, 대비책이 된다. 리스트를 줄이고 안정적인 사업을 구축하게 돕는다.

심한 경제 충격이 생길 수 있다. 내가 속한 시장의 위기도 생긴다. 그런 상황에 잘 대처하기 위해서는 항상 최악을 염두해야 한다. 그리고 위협이 닥쳤을 때, 함부로 움직이지 않는다. 계획 아래에 철저히 의도된 행동을 한다. 상황 파악을 먼저 해야 하고, 내가 어떻게 움직여야 할지도 생각한다. 혼란스러워하고 충격에 휩싸인 이들이 대거 무너질 수 있다. 누군가의 위기가 또 다른 어떤 이에게는 기회가 된다.

위기에 대응하기 위해서 곧바로 가용할 수 있는 현금이 항상 준비되어 있어야 한다. 그래야 자기 사업을 지킬 수 있다. 경제 위기에는 1,000만 원이 1억 원의 가치를 할 때도 있다. 수십억, 수백억 자산가도 몇백만 원 결제 못 해 무너지기도 한다. 그러므로 더욱 보수적으로 사업을 운영해야 한다. 언제든 최악의 상황에 대비할 힘은 비축해두어야 한다. 힘들고 어려운 일이 닥칠 때, 위기에 대응하는 모습이 정말 진가를 발휘한다.

세상의 시선, 조롱, 경멸, 비아냥거림, 수모는 언제든 견디기만 하면 되지만 돈이 없으면 간과 쓸개를 다 내주어도 소용이 없다. 그냥 무너진다. 그러니 더 현금을 모아두고 절대로 절대로 헛되게 써서는 안 된다. 사업하겠다면서 최소 6개월 치 버틸 돈도 없다면 그건 아예 사업할 준비가 안 된 것이다. 사업에서 돈만큼 중요한 요소는 없다. 아무리 일이 잘 풀려도 어려운 상황은 항상 벌어진다. 그럴 때마다 빚내서 해결할 수 있는가? 아니다. 아무리 좋은 사업 아이템과 상황이라 해도 버틸 돈이 없으면 그냥 무너진다.

돈이 있으면, 언제든 더 좋은 기회를 맞을 수 있다. 특히나 지금 같은 경제 위기, 충격이 심해질 때는 더욱 그러하다. 점점 옥석 가리기가 심해질 것이다. 많은 경쟁자가 무너지면, 그저 버티고 있기만 해도 기회가 넘칠 것이다. 그러므로 힘들고 어려운 일을 너무 부정적으로만 보지 말자. 그것이 되레 기회가 되기도 한다. 그러므로 꼭 위기 상황을 견디기 위한 자금 계획, 현금 확보 계획은 꼭 마련해두어야 한다. 그래야 살아남고 더 잘 될 수 있다.

비상 계획, 컨티전시 플랜을 세워라

언제든지 위기가 닥쳤을 때를 대비한 대책, 컨티전시 플랜(Contingency Plan)은 있어야 한다. 그래야 사업을 잘 유지할 수 있다. '절대 그런 일은 벌어지지 않는다'라는 마음은 항상 불안을 안고 사는 것과 같다. 사업을 하면서 뭐든 다 넉넉하면 좋겠고, 경제 환경도 좋기를 바라지만, 언제 어떤 일이 터질지 모르는 불확실의 시대에 우리는 살고 있다. 그래서 항상 대비책을 갖춰야 한다.

컨티전시 플랜은 항상 필요하다. 위기 상황은 언제 어떻게 닥칠지 모른다. 그러므로 더욱 대응하기 위한 대책을 만들어 둬야 한다. 최악의 일은 벌어진다. 그러한 일이 안 생기면 좋겠지만, 벌어졌을 때, 어떻게 움직일지 정해둬야 한다. 그래야 충격에 휘둘리는 것을 줄일 수 있다. 화재가 났을 때, 어느 대피로로 이동을 하고, 낮은 자세로 손수건이나 휴지 등으로 코나 입을 막고 천천히 질서를 지켜야 한다. 이를 매뉴얼로 공유하고, 수시로 예행연습을 하면, 화재 사고에 대응할 힘이 생긴다.

이처럼 어떻게 대응할지를 평소에 갖춰두어야 일이 벌어졌을 때, 침착하게 움직일 수 있다. 충격을 겪을 때, 허둥지둥 대는 건, 보통 사람들의 모습이다. 누구나 다 긴장하고 마음이 혼란스럽기 마련이다. 비즈니스 환경에서는 갑자기 나라 전체나 전 세계의 경제 쇼크가 닥칠 수도 있고, 대출 중단, 유동성 위기 등 사업 운영 자금에 문제가 생길 수도 있다. 그러므로 대비 또 대비해야 한다.

사업에서 제일 중요한 건, 자금이다. 그 자금 관리에서 언제든 동원할 수 있는 예비 자금이 있어야 사업이 무너지는 것을 막을 수 있다. 평소에 이익이 생기면 항상 별도의 적립을 통해 자금 문제가 생기는 일에 대응할 수 있어야 한다. 사업 위기의 대부분은 돈 문제와 연관된 것이다. 돈 문제를 절대 쉽게 생각하면 안 된다. 온라인 유통 사업에서 매출이 아무리 잘 나오고 이익이 늘어도 자금 관리를 못하면 그냥 무너진다.

또한 인력 관리, 즉 사업을 하며 만나는 거래처, 내부 직원들에 대한 대비도 있어야 한다. 소규모로 사업을 하다 보면 내부 인력의 횡령이나 거래처의 결제 대금 미지급으로도 회사가 휘청거리는 경우를 겪을 수 있다. 무조건 믿고 맡기는 것을 경계해야 한다. 항상 언제 어떤 일이 벌어질지 모르니, 조심 또 조심해야 한다. 그래야 사업이 안정적으로 유지되고 남들이 위기를 겪을 때, 내가 위기를 잘 견딜 수 있다.

샤인머스캣, 예약 판매를 통해 시장 가격을 주도하다

샤인머스캣 제품을 언제 팔았던가? 정확히 기억나지는 않지만, 통상적으로 판매되던 시기보다 더 빨리 움직였다. 남들이 어느 달 중순부터 판다고 하면 나는 초순부터 팔았다. 굳이 말하자면, 예약 판매였다. 남들은 딱 그 상품이 출시되는 시점부터 며칠이 지난날부터 팔았지만, 더 빨리 팔아보자고 생각하고 의논했다.

물론 먼저 팔기 때문에, 생기는 리스크도 있었다. 그런데 제일 먼저 팔기 때문에 행사가격을 내가 제일 먼저 정하는 장점이 있었다. 남들보다 먼저 판매하기에 비교되는 가격이 없었다는 것이다. 그래서 생산자와 의논해서 첫 행사가격을 내세워서 판매했다.

당연히 고객으로서는 제일 먼저 띄는 과일이기에, 조금 높은 가격이라 해도 수용해주었다. 이렇게 판매를 제일 먼저 하면, 판매 수량과 고객 후기가 제일 먼저 생길 수밖에 없고 그 때문에 그 이후에 판매되는 과일들보다 최신의 고객 후기를 가질 수 있었다. 이것이 또 선순환의 효과를 내보여서, 매출이 타 판매자의 행사 제품보다 더 빨리 늘어날 수밖에 없었다.

Part
03

김 부장의 기획 노트 _ 기초 편

처음부터
잘 팔리는 상품
기획하기

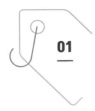

01 가격 정하기
온라인 시장 상품 가격 조사

　온라인 유통에서 가격 조사는 노트북, 모바일폰 하나로도 가능하다. 정기적인 시간만 할애하면 된다. 네이버 가격 비교, 다나와, 에누리 정도만 매일 들여가서 살펴보면 웬만한 건 해결이 된다. 꾸준히 살펴보면 웬만한 상품의 가격정보는 다 파악할 수 있다. 오프라인 유통에 비하면 온라인 유통 시장에서의 가격 조사는 아주 쉽다. 가격 조사를 위한 방법도 쉬워서 누구나 다 편리하게 파악할 수 있다.

　온라인 유통 시장에서 상품의 상세 특성 비교도 쉽다. 상세설명에 나와 있고 고객들이 온라인 쇼핑할 때, 상품 상세설명과 이미지를 보는 데에 익숙해져 있다. 다양한 온라인 쇼핑몰을 넘나드는 것도 자연스럽다. 쇼핑몰 체류 시간도 갈수록 짧아지고 있다. 꼭 필요한 것만 목적성을 가지고 사기도 있고 지루하고 심심해서 들어가서 둘러보는 경우도 있다. 어느 쪽이 되었든 간에 가격 차이가 얼마나 나는지는 꼭 확인한다. 제품 구매 결정 직전에 가격 확인은 통과의례처럼 한다.

온라인 유통 시장에서는 오프라인과 달리, 배송비 즉 택배비를 감안해야 한다. 택배를 통한 반품 비용은 얼마나 되는지, 제품을 배송받는 데에 시간은 얼마나 걸리는지 등도 고려 요소다. 구매하는 상품의 가격에 따라 배송비가 큰 비중을 차지한다. 만 원 미만의 상품에서 배송비 3,000원의 비중은 매우 크다. 그러므로 배송비를 빠뜨리고 계산하면 시장 가격 조사에 혼선이 생길 수 있다. 배송비를 신경 써야 한다. 상품 가격에 배송비를 더하고 빼면서 최종 고객 구매가격을 확인해야 한다. 상품에 따라서는 배송비뿐 아니라 조립 비용이나 설치 비용이 발생하는 경우도 있다. 이 또한 고려해 최종 고객 부담 금액을 따져봐야 한다. 이렇게 여러 항목의 비용을 전부 확인해야 제대로 된 가격 조사가 된다.

장기 불황의 시대에 가격에 대한 민감도는 갈수록 더 커지고 있다. 코로나19 이후 급격히 성장한 온라인 비대면 소비 경향은 소비자들에게 가격 확인의 중요성을 느끼게 해주었다. 동일한 상품인데, 판매되는 온라인 채널에 따라 가격이 다를 수 있음도 이미 고객들에게 당연한 모습으로 자리 잡았다. 그래서 온라인 쇼핑몰 한 곳에서만 사기보다 수시로 다른 곳과 가격을 비교하고 확인하는 일이 늘어나고 있다.

결국 고객들에게 지속적으로 타 쇼핑몰보다, 다른 브랜드들보다 저렴한 가격에 상품을 제공한다는 신뢰감을 줘야 한다. 그래야 다른 쇼핑몰로 갈아타거나 다른 브랜드로 대체 구매하는 일이 생기지 않을 것이다. 물론 말처럼 가격 신뢰가 금방 생기지는 않는다. 요즘은 가격도 중요하지만, 모조품을 팔거나 돈만 받고 배송하지 않는 각종 사기도 발생하고 있어, 브랜드나 쇼핑몰의 신뢰를 바탕으로 한 가격 경쟁력 제공이 더 요구된다고 하겠다.

02

가격 결정
거래의 의미

과거와 달리, 온라인 유통 시장에서는 1인 브랜드, 1인 셀러가 넘쳐난다. 과거의 대기업, 대규모 판매상이 아닌, 1인의 소수도 온라인 유통 시장에서는 활발히 활동하고 있다. 더 이상 유통 시장의 거래에서 고정된 판매자, 고객이 아니라는 의미다. 언제든 판매하는 사람, 사는 사람으로 역할이 변한다. 그러므로 더욱 발 빠르게 서로의 입장을 이해하는 브랜드가 되어야 한다. 그래야 거래의 중심에 서는 브랜드로 자리매김할 수 있다.

적은 재고로도 온라인 유통 시장에서는 판매할 수 있다. 유통기한 임박 상품, 리퍼 상품 등 품질이 조금 떨어져도 사람들이 선호하면 그것이 곧 새로운 시장이 된다. 찾는 사람이 있으면 거래는 당연히 활성화된다. 반대로 사람들이 꺼리면 그 상품, 브랜드의 유통 시장은 쇠퇴하기 마련이다.

최근에 우유 소비량이 급감하고 있다. 1997년 31.5kg이던 것이

2021년에 26kg까지 줄었다. 군대에서조차 흰 우유 선호도는 줄어들고 딸기 우유나 두유, 주스를 선호한다. 한때, 초등학교에서 우유 급식이 유행이었고, 우유를 마시는 애들은 건강하다는 인식이 있었다. 그러나 우유를 마시면 설사나 복통을 일으키는 유당불내증이 한국인 등 아시아인에게 많다는 점 때문에 소비가 줄고 있다. 기존 흰 우유만 팔아서는 우유 시장의 매출 규모는 줄어들 수밖에 없다. 이러한 변화에 대응할 수 있어야 한다. 그래야 거래를 활성화시킬 수 있을 것이다.

유통 시장에서 온라인 채널이 늘어나는 만큼 브랜드도 많아지고 구매 고객들도 늘어나고 있다. 분명 좋은 의미다. 그리고 변화도 더 빨리 오고 빨리 사라진다. 유통 시장, 채널의 확대로 많은 브랜드가 떠오르고 쇠퇴한다. 그러는 와중에 거래는 더욱 다양한 의미가 있게 되었다. 정보의 홍수 속에서 너무 많은 거래가 생겨나고 있고, 더 이상 고객, 소비자도 거래의 수동적 존재가 아니라, 의사 표현, 상품 개발의 주체자 등으로 변모하고 있다. 고객들의 반응을 더 중요하게 봐야 하는 시대가 되었다.

고객들이 느끼는 나만의 만족, 내가 선호하는 브랜드, 상품의 가치, 이런 것도 잘 따져봐야 한다. 이렇게 거래를 관찰하고 살피면서 판매자의 역할도 잘 챙겨야겠다. 세분화된 고객 중에서 내 브랜드가 추구하는 가치를 수용해줄 고객은 어느 고객인지도 살펴야 한다. 이래저래 많은 고민과 구상이 필요하다. 확실한 것은 항상 변하는 거래의 형태, 규모 등을 보면서 잘 대응해야 유통 시장의 거래를 잘 선점하는 브랜드가 된다는 것이다. 다양한 시각에서 살펴보고 유통 시장의 거래에서 내 브랜드의 가치를 창출해야겠다.

03
온라인 상품 가격 결정

상품을 팔려면 우선 내가 팔려고 하는 상품군의 가격대가 어느 정도인지 확인해야 한다. 배송비 포함한 최종 고객 구매가격이 얼마인지를 알아야 한다. 네이버쇼핑에서 고객 후기가 가장 많은 순서로 정렬해서 봐도 되고, 쿠팡이나 G마켓 등 온라인 쇼핑몰을 하나 정해서 상품군을 대표하는 검색어를 넣고 살펴본다. 또는 각 온라인 쇼핑몰의 베스트 코너를 일주일이나 2주일 정도 매일 같이 들어가서 살펴본다. 이렇게 꾸준히 들여다봐야 내가 진출하려고 하는 상품군의 가격대를 파악할 수 있다.

가격대를 파악하고 나면 내가 팔려고 하는 상품의 희망 가격대를 대입시켜본다. 어느 가격대로 진입하는 것이 좋을지 구상한다. 판매가를 결정하는 법은 여러 가지가 있다. 우선 가장 잘 팔리는 제품의 가격을 기준점으로 삼고 그보다 낮게 가격을 책정한다. 예를 들어, 콜라를 판다고 할 때, 가장 잘 팔리는 코카콜라 180mL 30개의 판매가격이 얼마인지 파악한다. 그리고 다른 이름의 콜라를 그

코카콜라 가격보다 20%~30% 저렴하게 가격을 책정한다. 물론 중량과 개수를 그대로 맞춘 상태에서의 가격 말이다.

또는 코카콜라 180mL 30개보다 용량이 큰 355mL 24입으로 단위 중량을 다르게 상품을 구성한다. 절대 가격은 비싸지만, 단위 중량으로 계산하면 훨씬 저렴해지도록 판매가격을 설정한다. 180mL 30개가 18,000원인데, 355mL 24입을 24,000원에 판매가격을 설정한다. 그러면 1mL당 3.2원인 제품을 더 용량을 늘려서 1mL당 2.8원이 되게 만든다. 이렇게 하면 같은 상품이어도 다른 스펙의 상품으로 고객이 인식하게 된다.

그리고 355mL 24입에 24,000원에 판매하는 제품을 보고, 더 소용량으로 나눠서 상품화한다. 355mL 10입을 12,000원에 판매한다. 이는 단위 중량 대비 가격은 비싸 지지만 고객 입장에서는 절대 구매 단가가 24,000원에서 12,000원으로 낮아지니, 1번 구매할 때 부담이 줄어든다. 이런 방식도 고객 입장에서는 선호하는 제품의 가격이 될 수 있다.

이러한 여러 가지 방식으로 접근해서 제품가격을 설정하면, 하나의 상품으로도 여러 제품 가격을 고객들에게 선보일 수 있다. 여러 가지 가격 설정으로 고객들에게 평가받으면서 온라인 유통 시장에서 가장 잘 먹히는 행사가격, 정상가격을 잡아가는 것이 좋다. 물론 단번에 판매가격의 틀을 잡을 수는 없을 것이다. 시간이 축적되어야 하고 고객들의 반응을 계속 확인해야 될 것이다. 확실한 건 지속적인 고객과의 소통, 평가로 고객들이 바라는 가격을 만들 수 있다는 것이다.

04 온라인 상품 행사하기

내 상품이 곧 나 자신의 분신이고 내 브랜드라고 생각해야 한다. 온라인 유통 채널은 확연히 다르다. 온라인만의 특징을 파악하고 내 상품, 내 브랜드를 어떻게 녹일지를 고민해야 한다. 어쩌면 오프라인에서 충분히 자리매김한 상품이어서 온라인에서도 수월하게 자리 잡을 거라고 생각할지도 모른다. 그러나 전혀 다른 고민과 걱정에 놓일 수 있다. 온라인 유통 시장이 어떤지를 먼저 파악해야 한다.

내 상품이 온라인 시장에서는 아주 미미하고 작고 보잘것없는 브랜드일 수 있다. 그러나 그럴수록 더욱 온라인 유통 시장에서 행사를 하며 두각을 나타내는 것이 좋다. 온라인만큼 시작하는 브랜드의 상품들이 다양하게 활동할 수 있는 곳이 없기 때문이다. 누구나 온라인에서 행사를 자주 하고 매출을 많이 내고 고객들의 인기를 끌고 싶다. 그러나 쉽지 않다. 그리되기 위해서는 온라인 시장에서 데뷔해야 한다. 그 데뷔가 곧 행사다.

온라인에서 내 상품으로 행사할 때, 무엇이 달라야 할까? 다른 브랜드 상품들과 비교해서 어떤 차별점을 가질 수 있을지 구상해야 한다. 우리가 어느 목적지로 갈 때 버스, 지하철, 택시, 비행기, 배 등 다양한 수단으로 갈 수 있는 것처럼 온라인 행사도 천차만별이다. 내브랜드, 내 상품으로 온라인 행사를 하기 이전에 지금 온라인 시장에서 어떤 종류의 행사가 가장 잘 먹히는지도 파악해둬야 한다. 그리고 그 방식이 내 상품, 내 브랜드에도 적합한지를 따져봐야 한다.

단순히 1+1 행사, 30%, 50% 할인 행사로는 매출 증대 효과를 못낼 수 있다. 너무 밋밋하기 때문이다. 어떻게든 내 상품 하나만 알리겠다는 것으로 그쳐서는 안 된다. 내 상품, 내 브랜드, 내 가치를 전부 아울러서 내 모든 것을 고객들에게 보여주겠다는 각오가 담겨야 한다. 내 상품이 브랜드이고 내 가치이고 내 전부여야 한다. 그리고 잠시 잠깐 하고 빠지는 행사가 아니라, 평생 고객과 소통하는 방식이다. '행사다'라는 의사소통을 고객들에게 하는 것이 좋다.

고객들이 내 상품, 내 행사에 관심을 두고 사야 하는 이유를 안겨주어야 한다. 내 브랜드를 추종하고 내 브랜드를 좋아하게 만들어야 한다. 그러려면 내 브랜드, 내 상품의 행사에 고객들이 반기고 따를 만한 가치가 담겨야 한다. 그 가치와 의미는 언어로 표현되어야 하고, 상품 명칭, 상품 이미지, 브랜드 로고, 브랜드 명칭 등에도 묻어나야 한다. 그리고 고객들이 알게 해주어야 한다. 고작 행사 하나 하는데 너무 많은 것들을 갖다 붙인다고 이야기할지도 모른다. 그러나 그리하는 것이 오래오래 온라인 시장에서 잘 살아남는 브랜드, 상품을 만드는 길이라고 본다.

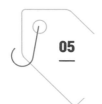

05 클리어런스 Clearance

클리어런스(Clearance), 판매 재고 중에서 더 이상 마진을 보고 팔기 어려워서 쳐내야 하는 품목들을 떨이로 팔 때, 이를 유통에서 클리어런스라고 말한다. 상품을 매입하고 창고에 보관하면서 판매 수량을 감안해 판매 기회 로스를 줄이는 것이 셀러들의 목표다. 그런데 생각처럼 상품이 판매되지 않을 때, 공간은 한정되어 있고, 창고 공간 효율을 높이기 위해 클리어런스는 필요한 활동이다. 창고 공간을 비우기 위해 서둘러 팔아내야 한다.

물론 창고에 보관된 상품 자체로만 봤을 때는, 매입할 당시의 원가 금액보다 낮게 팔면 당연히 이익이 감소한다. 그러나 그 상품 하나만 볼 것이 아니라, 취급하는 상품 전체를 어떻게 운영하고 전체 재고금액, 자금 관리, 이익 관리, 창고 공간 운영 등을 고려할 때에 클리어런스는 꼭 필요하다. 그러므로 너무 부정적인 면으로만 보는 건 판매 활동의 발목을 잡을 수 있다.

정말 장사를 잘하는 사람은 자신이 판매하는 상품이 안 팔리고, 너무 비싸서, 사업에 발목 잡힐 거 같으면 빠른 판단으로 손절한다. 판매해보고, 2주, 4주 뒤에 곧바로 30%, 50% 할인해서 전량 소진하는 데에 온 신경을 쓴다. 이렇게 빨리 떨어내면, 다음 상품이나 브랜드를 소싱하는 것에 에너지를 쓸 수 있기 때문이다. 안 팔리는 상품 붙들고 이래저래 고민 더 하다 보면 잘 팔리는 상품 찾는 데에 힘을 쓸 수 없다.

상품 전체를 보며, 판매수량, 재고 회전일수, 선입선출 등을 고려해야 한다. 판매 부진 상품 개수도 봐야겠지만, 판매부진 상품의 재고금액, 재고들이 창고 공간을 차지하는 비율 등을 감안해 관리할 수 있는 지표, KPI를 가져야 한다. 그리고 매일 재고, 상품 수, 재고금액, 공간 효율 등을 따지면서 안정적으로 운영되고 있는지를 파악해야 한다.

잘 팔리지 않는 상품을 정해놓은 기간 안에 클리어런스 처리하고 소진할 때, 잘 팔리는 새로운 상품의 재고를 들여놓을 공간을 확보하게 되고, 또, 여유 창고 공간, 신규 상품을 매입할 자금 확보 등이 가능하다. 유연하게 움직이면서 안 팔리는 상품을 정리하고, 또 잘 팔리는 상품이 재고가 없어 판매 기회 로스가 생기는 것을 방지해야 한다. 그래야 매출을 꾸준히 내는 상품, 브랜드 판매자가 될 수 있다.

Part
04

김 부장의 기획 노트 _ 마케팅 편

1등보다
더 잘 팔리는
2등 되기

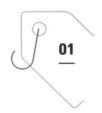

온라인 쇼핑몰에서 인지도 높이기
고객 맞춤형 서비스 만들기

유통업계에서 소비자의 취향, 구매 패턴을 고려한 개인화 서비스 도입 이야기가 나온다. 고객들이 이미 구매한 이력을 통한 데이터를 활용하는 것이다. 온라인 쇼핑몰은 방대한 고객 정보를 통해서 고객 맞춤형으로 온라인 몰 페이지를 보여주는 것도 고려하고 있다. 이미 5년 전, 10년 전에도 존재하던 IT 서비스다. 다만 최근에 와서 온라인 유통 시장에서 관심이 몰리고 있을 뿐이다. 더 고정 고객을 확보하기 위한 몸부림이다.

어떻게든 고객들의 온라인 몰 체류 시간을 늘리고, 고객의 구매 선택 확률을 높이기 위한 대책이다. 고객들이 어느 상품에 관심을 더 보이고 클릭을 더 하는지를 파악한 뒤, 최종 구매로 연결되게 만든다. 고객 유입도 늘리고 고객들의 추가 구매도 권유한다. 1개만 사고 나갈 고객들에게 연관 구매 가능한 상품을 보여주고 추가 구매하게 만든다. 이렇게 해야 고객 객단가도 높이고 구매 효율도 향상시켜 매출과 이익률을 높일 수 있기 때문이다.

구매 이력이 5번, 10번, 20번 이상 있는 고객들에게 추가로 깜짝 증정 상품을 제공해준다고 하면 고정 고객들은 대우받는다는 생각에 브랜드나 상품에 더 높은 충성도를 보일 것이다. 온라인 브랜드들 입장에서도 신상품 출시 후 고객들의 반응을 파악하기 위해 기존 구매 이력이 높은 충성 고객들에게 상품을 제공해주고 평가를 받는 것이 훨씬 도움이 될 것이다.

고객이 이전에 구매했던 상품들을 보여주고, 관련된 상품도 보여주면, 고객들이 더 반응하는 건 당연한 이야기다. 나만을 위한 상품 페이지가 제공된다면 고객들은 더 관여하고, 구매도 더 한다. 온라인 쇼핑몰이나 판매자, 브랜드들 입장에서도 충성 고객을 더 확보하고 절대 매출을 늘리기 위해서는 고객들 개인화 서비스 제공에 관심을 가질 필요가 있다.

새로운 서비스를 도입하거나 새 고객 유치를 위해 더 애쓰기보다는 기존 구매 고객, 고정 고객들에게 어떻게 하면 혜택을 더 제공해주고 내 브랜드, 내 쇼핑몰에서 더 구매하게 만들지 고민하는 것이 낫다. 이미 구매 경험이 있는 고객들은 내 브랜드, 내 상품에 만족하면 반복 재구매 또는 추가 구매 가능성이 커질 수 있다. 이 부분을 잘 고려해서, 구매를 많이 한 고객들에게 더 혜택을 주는 쪽으로 행사를 진행하는 것이 좋다.

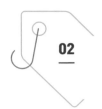

02 온라인 쇼핑몰에서 인지도 높이기
경쟁사 조사

경쟁사 브랜드, 제품을 조사하며 내 브랜드, 상품을 어떻게 홍보할지 방법을 강구한다. 경쟁사의 것을 살펴본다는 건, 조용히 해야 할 일이다. 물론 남의 영업 비밀을 염탐해서 나에게만 유리하게 베끼고 악용해서는 안 된다. 분명 함부로 해서도 안 되고, 선을 넘어서도 안 된다. 정도를 걷는다는 인식을 기반으로 삼으면서, 철저히 나에게 도움이 되는 방향으로 벤치마킹하고 또, 확인해야 할 것이다.

전쟁에서 적의 동향을 파악하는 건 매우 중요한 일이다. 적이 어떻게 움직일지 알아야 내가 대처할 수 있기 때문이다. 온라인 유통 시장에서도 무수히 많은 경쟁자, 적이 존재한다. 그들보다 더 빨리 움직여야 내 자리를 챙길 수 있다. 그들보다 늦거나 뒤처지면 온라인 유통 시장에서 내가 버티기 어려울 수 있다. 그러므로 경쟁사 브랜드들이 어떤 활동을 하는지 꿰고 있어야 한다.

제철 과일은 출시되는 시기가 비슷하다. 그래서 하루, 이틀 먼저 내놓느냐, 늦게 내놓느냐에 따라, 매출이 2, 3배 늘 수도 있고 반 토막이 날 수도 있다. 가격 경쟁은 더 심하다. 먼저 내놓는 브랜드가 오늘의 가격을 정한다. 그러므로 경쟁사들이 어떻게 움직이는지는 더욱 신경 쓰고 관찰해야 한다. 경쟁자가 어떻게 움직이는지 살펴보고 예의주시해야 한다.

나보다 뛰어난 성과를 내는 경쟁사 브랜드를 엿보는 건, 내 처지가 어떤지, 내가 어떻게 대응해야 할지를 알려주는 좋은 활동이다. 시장이 어떻게 움직이는지 항상 동향 파악을 한다는 건, 고객들의 반응, 시장의 움직임을 통해 내 브랜드가 최상의 트렌드를 리딩하는지, 아니면 끌려가는지를 알게 해준다.

당장에는 시장의 흐름을 파악하기 어려울 수 있다. 그럴 때는 가상의 경쟁자를 하나둘 정해놓고 어떻게 움직이는지 살펴보면 된다. 그 경쟁자들의 모습이 눈에 다 들어오게 되면 또 다른 경쟁자를 찾아 나선다. 내 위치, 내 처지를 잘 파악하게 돕는다.

03

온라인 쇼핑몰에서 매출 높이기
잘 보이는 자리를 선점

온라인 쇼핑몰에서 매출 올리는 핵심은 좋은 자리를 차지하는 것이다. 좋은 자리란 그 쇼핑몰에서 고객들이 가장 많이 보는 곳이다. 많이 노출되면 고객들이 들여다볼 가능성이 높아지고 그러면 매출은 올라갈 수밖에 없다. 이렇게 가장 잘 노출되는 자리를 얼마나 많이 확보하느냐가 모든 온라인 채널에서 활동하는 판매자, 브랜드사의 주 관심사다.

잘 보이려면 우선 상품의 이미지가 경쟁력이 있어야 한다. 사람들의 눈이 멈출 수 있는 이미지여야 한다. 축산 상품이면, 고기가 가장 신선하고 맛있어 보여야 하고, 의류 상품이라면 모델이 가장 날씬하고 멋있어 의류가 핏이 잘 맞아야 한다. 가전 TV라면 화질이 끝내주게 선명해서 사고 싶게 만들어야 한다. 이렇게 이미지로 최대한 승부를 걸어야 한다. 이미지가 좋으면 좋은 자리에서 오래 머무를 가능성이 크다.

제품 명칭도 중요하다. 예쁜 모델의 이름이 말자, 미자 이렇게 촌스러우면 사람들이 가볍게 볼지도 모른다. 마찬가지로 팔려고 하는 상품, 브랜드의 명칭도 신경 써야 한다. 상품이나 브랜드의 가치가 함축된 이름이어야 한다. 누가 들어도 충분히 그럴싸하다는 평가를 받을 수 있는 제품 명칭으로 내놔야 한다. 그래야 사람들이 오래 기억하고 또, 나중에 다시 찾을 때, 쉽게 찾아서 구매할 수 있다.

행사가격도 중요하다. 절대 가격이 싸야 한다. 만약 중량대비 가격 경쟁력이 약하다면 중량이나 팩 사이즈를 줄여서라도 고객들 앞에 내놓는 가격이 낮게 보여야 한다. 그래야 사람들이 부담 없이 구매할 수 있다. 특히나 지금 같은 시대에는 더욱 가격이 메리트가 있어야 한다. 여러 옵션을 둔 상품이라고 하면, 최대한 맨 앞에 내보이는 대표 옵션 제품의 가격이 절대적으로 싸야 한다. 그래야 사람들이 그 온라인 상품을 클릭하고 구매할지 말지 고민한다.

잘 보이는 곳에 노출시키고 고객들의 이목을 끈 뒤, 구매하게 만들고, 배송받은 뒤 만족하게 만들어야 한다. 배송 또는 상품 구매 이후 불만족에 대한 고객 응대도 신경 써야 한다. 그래야 고객들이 후기에 좋은 평가를 기재한다. 그리고 그 구매 후기가 잘 축적되어야 다른 고객들이 보고 구매할지 말지를 참고한다. 이 모든 과정을 잘 치르고 또, 잘 반복해야 온라인 쇼핑몰에서 잘 팔리는 브랜드, 상품을 가진 셀러가 될 수 있다.

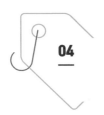

04
온라인 쇼핑몰에서 매출 올리기
가격 비교 활용

다나와, 에누리, 네이버쇼핑은 자기 트래픽을 이용해서 원 구매 채널에 구매 고객을 제공해준다. 그리고 제휴 수수료를 받는 형태다. 직접 제품을 판매하는 것은 아니다. 중간 징검다리 역할을 한다. 언제부터인가 온라인 쇼핑 고객들은 행사가격, 최저가격 검색을 많이 한다. 더 저렴하게 사고 싶은 마음이 늘고 있다.

가격 비교 서비스 사이트에서 제품명을 기재하면 각 온라인 채널별 가격이 나온다. 어느 채널에서 더 낮은 가격의 행사를 하고 있는지 확인할 수 있다. 가격 비교를 통해 어느 플랫폼에서 구매하면 생활비 예산안에서 알맞게 쇼핑할 수 있는지 파악한다. 삼성 TV 모델 명칭을 검색하면 어느 유통 채널에서 얼마에 판매하는지 금방 파악할 수 있다.

물론 직접 원 구매 채널을 클릭해봐야 한다. 종종 가격 업데이트되는 시차가 발생해 실제 행사가격과 노출가격이 다를 때가 있기 때문이다. 그리고 배송비도 포함인지 아닌지도 따져봐야 한다. 가전제품이나 가구 같은 고가 제품은 배송비가 별도로 책정되고 배송비가 대체로 동일하지만, 아주 가끔은 최저가로 최상단에 노출되게 하려고 트릭을 쓰는 경우도 있기 때문이다.

고가인 가전제품이나 가구를 구매할 때는 더욱 가격 비교를 꼼꼼히 한다. 할인율이 1~2% 더 되어도 구매 가격에서 몇만 원 이상을 아낄 수 있어 사람들이 더 가격 비교에 시간을 들인다. 어디서 구매해야 안전한지도 살펴본다. 여러 가지 용도로 가격 비교 서비스를 자주 이용한다. 불황을 앞두고 있어 더욱 이용 고객이 늘어날 것 같다.

가격 비교 시스템에 AI 시스템을 적용해 더욱 고도화하려는 시도가 늘고 있다. 기존보다 가격 비교 상품 수를 확대하겠다는 것이다. 단순 비교를 넘어서 가격 변동이 얼마나 잦은지, 그리고 고객이 어느 시점에 구매하면 좋을지 등에 대한 안내도 추가된다. 가격 변동이 잦은 품목들을 언제 사야 더 할인받을 수 있는지 알 수 있다. 그리고 과거보다 더 세밀한 정보를 받으면 고객들이 갖는 신뢰는 더 커질 것이다. 이러한 가격 비교 서비스에 내 상품, 내 브랜드가 노출되면 더 많은 매출과 고객을 확보하는 데에 도움이 될 것이 분명하다.

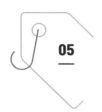

05

1등보다 더 오래가는
2등 만들기

온라인 유통 시장에서 오래 활동하는 방법의 하나로 10%의 에너지를 비축하라고 말하고 싶다. 온라인에서는 언제든 돌발 상황이 생긴다. 그런 갑작스러운 일에 대비하는 힘이 필요하다. 그래야 쉽게 무너지는 것을 방지할 수 있다. 평소에 온 힘을 다 써버리면, 갑작스레 닥친 일에 전혀 움직일 수 없게 된다. 그래서 항상 약간의 여지를 두는 것이 좋다. 그래야 유연하게 움직일 수 있다.

유통 시장에서 활동하다 보면 뜻대로 흘러가지 않을 때가 많다. 노력과 정성을 다했지만, 고객이 몰라주고 시장이 반응하지 않을 때가 있다. 그만두고 싶고, 다시 하고 싶지 않을 때가 있다. 그럴 때 잠시 한발 물러서서 시장을 바라보는 모습이 필요하다. 그래야 내 브랜드 말고 남의 것도 보이고 시장의 새 변화도 감지할 수 있다.

때로는 조급해지고 손해 보는 거 같고 답답하다. 고객의 비위를 어디까지 맞추고 살아야 하나라는 자괴감이 들 때도 있다. '도대체 얼마나 기다리고 노력해야 할까?'라는 생각에 힘들 때도 있다. 사방에서 솟구치는 질문에 나 자신이 초라해질 때도 있다. '내 브랜드, 내 상품에 무엇이 부족할까?'라며 고민이 들 수 있다. 그래도 포기하지 않고 계속 활동하려면 나에게 더 움직일 힘이 비축되어야 한다. 그래야 진도를 나갈 수 있다.

비축해놓은 힘은 매일 매일 부딪히는 일이 아닌, 갑작스러운 돌발 상황, 긴급한 문제를 처리할 때 사용한다. 그리고 평소에는 바빠서 집중하기 어려우므로 의식적으로 별도의 시간을 마련해둬야 한다. 그래야 그 시각에 더 멀리 내다 보고 중 장기적인 계획을 구상할 수 있다. 따로 마련한 시간에 장기적인 먹거리를 찾는 데에 공을 들여야 한다. 당장 말고 브랜드, 상품을 유지하는 한 계속 추구해야 하는 가치, 개념을 수립하는 데에 애써야 한다.

따로 시간을 마련해놓고 그 시간에는 일정한 힘을 들여야 한다. 음악가 모차르트가 매일 엄청난 연습량으로 실력을 유지한 것처럼, 유통 시장에서 브랜드의 가치를 더 높이는 것도 매일 고민하고 구상하는 데서 나온다. 지독한 연습 벌레가 천재로 대우받는 것에서 잘 배울 필요가 있다. 꾸준히 노력하고 에너지를 쏟는 규칙적인 습관, 루틴을 만드는 것이 좋겠다. 그럴 때 온라인 유통에서 잘 알려지고 잘 팔리는 브랜드가 될 것이다.

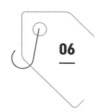

06

1등보다 더 잘 팔리는
2등 되기

대체재는 연필과 볼펜, 쌀과 빵, 돼지고기와 소고기처럼 서로 대신할 수 있는 상품이다. 온라인에서 이러한 대체재 상품은 인기를 끈다. 최근에 참치 1위인 동원 참치캔보다 20~30% 저렴한 2위의 사조 참치캔을 사람들이 더 관심을 가지고 구매까지 한다. 오프라인 유통 매장에서는 생각할 수 없는 일이 온라인 유통 시장에서는 비일비재하게 일어난다. 그러므로 새로이 온라인 유통에 진입하려는 브랜드들은 이미 잘 팔리는 브랜드, 1등 브랜드의 대체재로 진입하는 것을 고려하는 것이 좋다.

코로나19 때는 일본이나 동남아 등 해외여행이 막혀서 상대적으로 제주여행이 대체재로써 인기를 끌었다. 이렇게 인기를 끌 때, 관광객들을 잘 응대하고 정성을 다했다면 코로나19 이후, 일본, 동남아 등의 여행지가 열려도 제주여행이 건재했을 것이다. 그러나 잘 나갈 때, 관광객들을 대상으로 폭리를 너무 취했더니, 이제는 아예 제주여행을 꺼리는 형국까지 왔다.

이러한 사실이 우리에게 주는 교훈은 크다. 온라인에 새 진출을 하려는 브랜드들은 언제 올지 모를 기회를 잡기 위해 고군분투하는데, 확실한 것은 초심을 잃지 말아야 하고, 구매 고객, 충성 고객들을 잘 관리하고 정성을 다해 응대해야 한다는 것이다. 때로는 시장 상황에 따라 내 브랜드에 유리한 상황이 올 수도 있고 힘든 상황이 닥칠 수도 있다. 확실한 건 한결같아야 고객들이 사랑을 계속 보내준다는 것이다.

좋을 때는 취하고 안 좋을 때는 버리는 그런 이해타산적인 모습을 너무 보이면 고객들은 언제든 복수하고 돌아설 수 있다. 온라인 유통 시장에서는 언제든 새로 떠오르는 브랜드들이 많다. 그들이 잠시 잠깐 떴다가 사라지는 건, 다름 아닌 초심을 잃었기 때문이다. 꾸준히 지속하는 힘, 노력하는 자세가 요구된다. 그런 자세가 계속될 때, 온라인 유통 시장에서 오래오래 자리매김하는 브랜드가 되는 것이다.

내 상품이 고객들에게 얼마나 오랫동안 인식되고 선호하는 상품으로 자리 잡느냐는 쉽지 않은 일이다. 언제 기회가 올지, 얼마나 지속할지 알 수 없다. 그러나 확실한 건, 더 저렴한 가격으로 어필하거나, 품질이 더 나은 이점 등을 제안하면서 확실한 대체재가 되면 고객이 쉽게 외면할 수 없다는 것이다. 대체재로 잘 어필하는 브랜드가 되는 것도 온라인 유통에서 자리 잡는 하나의 길이 될 것이다. 1등보다 더 잘 팔리는 2등이 충분히 가능한 곳이 온라인이다.

07 트렌드에 잘 맞는
상품 만들기

트렌드에 잘 맞는 상품을 만들기 위해 매일 온라인 몰에 접속해야 한다. 판매되고 있는 상품들을 많이 봐야 한다. 틈만 나면 들어가서 어떤 상품이 잘 팔리는지 살펴본다. 온라인 쇼핑몰에서 가장 고객들이 많이 클릭하고 또 들여다보는 카테고리별 베스트(Best) 코너를 눈여겨본다. 여기에서 잘 팔리는 주요 상품군을 확인할 수 있다. 보다 보면 트렌드에 잘 맞는 상품을 만들 수 있는 안목이 생긴다.

네이버쇼핑에서 베스트 100 코너를 본다. 쇼핑 베스트 항목에서 카테고리별 베스트도 볼 수 있고 현재 잘 팔리고 있는 주요 상품군의 베스트도 확인할 수 있다. 그리고 맨 아래로 내리면 주요 온라인 몰의 이름이 나온다. 하나하나 클릭하면 G마켓, 옥션, 11번가 등 온라인 몰에서 잘 팔리고 있는 베스트 100의 상품도 확인할 수 있다. 이렇게 계속 눌러보고 둘러보다 보면 눈에 띄는 상품, 브랜드를 알 수 있다.

매일 온라인 쇼핑몰에 들어가서 둘러보다 보면 조금씩 안 보이던 것이 보일 것이다. 새로운 제품이 눈에 띄기도 하고 지금 유통에서 가장 이슈가 무엇인지도 알 수 있다. 그 제품이 어떻게 움직이는지 따라가다 보면 분명 배우는 것이 있을 것이다. 꾸준히 보다 보면 잠깐 떴다가 안 보이는 상품도 있고 계속 보이는 상품, 브랜드도 있을 것이다. 계속 보인다는 건, 분명 그 브랜드, 상품에 트렌드가 녹아 있다는 의미일 수 있다. 그것을 파헤칠 수 있다. 계속 보다 보면 관심이 가고, 또 더 자세히 들여다보게 되어 있다.

그 대세 상품, 브랜드와 내 브랜드, 상품이 연결될 수 있는지 생각해본다. 내가 팔려는 상품, 브랜드가 지금의 트렌드에 잘 부합하는지, 고객들이 바라는 것과 잘 연결되는지 살펴본다. 내 브랜드가 어느 방향으로 움직여야 하는지도 알 수 있다. 확실히 지금 온라인 유통 시장에서의 흐름에 대해 잘 파악할 수 있다.

베스트 100 코너를 계속 들여다보고, 매일 온라인 쇼핑몰을 살피면 남들보다 더 빨리 잘 팔리는 상품에 대해 알 수 있다. 그리고 잘 팔리는 상품들을 매일 보면서 내가 무엇을 하면 좋을지도 구상할 수 있다. 내 브랜드를 온라인 유통 시장에서 잘 자리 잡게 하는데에 매일 온라인 쇼핑몰을 접속하는 활동만큼 중요한 것이 없다. 매일 현장의 분위기를 눈으로 파악하고 또 귀를 열어 온라인 유통 MD들의 목소리까지 잘 경청한다면 잘 팔리는 상품, 고객들에게 인기를 끄는 상품을 기획할 수밖에 없다.

축산분야 할인 시장을 통해 선점하다

오프라인으로만 500억 원 매출을 올리고 있는 부산의 축산유통업체가 최근 들어 오프라인 매출이 줄어들자 온라인 판매를 시작하려고 했다. 오프라인으로 500억 원 매출을 올리고 있지만, 온라인 후발주자로 축산 쪽에서 성과를 내기란 쉽지 않다.

그런데 이 업체는 축산 고기 상품 이미지가 아주 선명했다. 기존 축산 판매 업체들의 이미지와 비교해보면 축산 삼겹살 상품의 이미지가 고급스러웠다. 게다가 상품 상세페이지도 아주 신뢰감을 주는 그런 분위기를 잘 표현했다. 그래서 할인 행사를 하니 고객들의 반응이 긍정적이었다. 맛있을 것 같다, 고급스러워 보인다 등 평가가 좋았다. 축산 삼겹살 이미지가 거기에서 거기지, 뭐가 다르냐는 기존 고정관념을 뛰어넘는 노력이 효과를 본 것이었다.

〈듀록꽃삼겹〉 상세페이지 이미지

어디에서도 볼 수 없던 **듀록꽃삼겹**

초특가

100g당 1,390원

스페인 꽃삼겹살 상품을 할인가로 구성한 할인 행사로 하루 만에 1,000개 이상 팔리는 성과를 얻었다. 스페인산 꽃삼겹이 잘 팔리자 똑같이 행사를 따라한 다른 업체의 행사는 가격이 더 저렴했지만, 판매 성과는 좋지 못했다. 흉내를 내는 것도, 나름의 계획과 전략이 있어야 먹히는 것이다.

오프라인 축산 시장에서 이미 500억 매출을 올리고 있는 제조업체여서, 고객에게 배송도 빨리 할 수 있었고, 축산 고기에 대한 품질 관리도 매끄러워, 첫 행사 이후에도 고객들은 만족해 하고, 반복해서 재구매했다. 운 좋게 첫 행사부터 고객들에게 인정을 받은 것이다. 물론 이 인정을 지속하기 위해서는 부단히 노력하고 고객의 요구에 부합하기 위해 노력해야 할 것이다.

출처 : 저자 제공

Part
05

김 부장의 기획 노트 _ 판매준비 편

평생
잘 팔리는
상품을 찾는 법

01 어떤 품목 팔지 정하기, 평생 팔 상품 찾기

당장 대박 날 수 있는 것보다 꾸준히 팔 수 있는 것을 찾는 것이 낫다. 금방 큰돈을 벌고 매출을 내고 싶은 건 사람 마음이다. 그런데 그런 품목은 잘 없다. 금방 대박 나는 상품은 금세 거품이 꺼지기도 쉽다. 그래서 꾸준히 잘 나가는 품목을 보는 것이 좋다. 이러한 상품을 발굴하고 기획하는 것이 온라인 사업을 하는 데 도움이 된다. 그래야 흔들리지 않고 지속적으로 셀러로 활동할 수 있다.

소리소문없이 사라지는 이들이 참 많은, 온라인 시장이다. 온라인 유통 채널이 참 많다. 11번가, G마켓, 쿠팡, 카카오 등 무수히 많은 채널이 있고 상품들도 엄청나게 많고 가격도 천차만별이다. 제조사, 대기업, 중소기업, 개인사업자 등 체급에 상관없이 모든 이들이 뛰어들 수 있는 시장이다. 그래서 쉽게 진입하지만 잘 자리 잡는 경우는 매우 드물다. 꾸준히 파는 이들이 적은 탓이다. 그래서 어떻게든 꾸준히 지속적으로 팔 수 있는 상품을 만들어내는 것이 관건이다.

처음 진입해서 고매출을 내는 경우는 매우 드물지만, 간혹 있다. 그런데 초기에 매출을 잘 내게 되면 되레 눈높이가 높아져서 조금만 부진해도 의욕이 떨어지고 새로운 도전을 하지 못하고 꼬꾸라지는 경우가 대부분이다. 반대로 초기에 너무 매출이 없으면 아예 할 의지나 의욕이 생기지 않아서 적응을 못 한다. 너무 잘되어도 탈이고 너무 안 되어도 문제가 되는 것이다. 가장 좋은 것은 차근차근 시행착오 줄여가면서 자리 잡아가는 것이다.

큰 목표보다는 당장 시작할 때에는 실현 가능한 목표를 하나씩 세워가는 것이 좋다. 내가 직접 포토샵 해서 상품 상세페이지 만들기 해보기, 각 온라인 채널별 베스트 상품 매일 1시간씩 보면서 정리하기, 내 상품군에서 가장 강한 업체 파악해 그들이 잘하는 점과 내게 부족한 점 정리하기 등을 해본다. 매출 목표 얼마, 취급 상품 몇 개, 월, 주간 행사 상품 진행 몇 개 이렇게 목표를 세워도 좋다. 너무 무리한 목표보다는 초기에는 달성하기 조금 수월해야 의욕, 의지가 생길 수 있다. 그리고 그 목표도 점진적으로 높여나가는 것이 낫다.

무엇이든 계획보다 훨씬 중요한 것은 실행이다. 무리하게 하루에 14, 15시간 일하는 것보다는 초기에는 조금 시간을 투자해도 나중에는 하루 6시간 내외에서, 많으면 8시간 이내로만 일할 수준으로 딱 갖춰 놓는 것이 가장 좋다. 마라톤처럼 오래오래 관심을 두고 평생 팔 상품을 정해서 취급하는 것이 가장 좋겠다. 그래야 길게 사업을 유지할 수 있다. 그것이 가장 중요하다.

02 어떤 제품에 관심이 있는가

새로운 시대, 창의력 있는 상품에 관심을 가져야 한다. 경제 불황이 심해질수록 사람들이 더욱 돈을 많이 벌고 싶어 한다. 그리고 불황에 제품 재고는 차고 넘친다. 사람들의 지갑이 얇아져 소비를 줄인다. 사람들의 주머니 사정이 더 팍팍해진다. 예전보다 소비하는 데에 신중함이 심해진다. 그래서 돈을 쓸 때, 상품을 살 때, 남들과 다른 자기만의 개성, 차별성을 추구할 수 있는 제품을 가지고 싶어 한다. 과거보다 소비를 줄일 수밖에 없어, 의미와 가치를 더 추구하는 것이다. 그래서 창의적인 아이디어, 가치가 담긴 상품을 좋아한다.

외향적인 사람들이 더 성공하고 사람들에게 더 인정받는 듯하지만, 내향적인 사람들이 늘고 있다. 직장 내에서 경쟁이 심해, 신경이 곤두서 있다. 그래서 평소에는 조용히 지내고 싶어 한다. 있는 듯 없는 듯 지내며 살고 싶어 한다. 남들에게 시기 질투도 안 받고 공격도 안 받아야 회사를 오래 다닐 수 있다. 이런 트렌드도 상품 시장에 분명 영향을 미친다.

점점 내향적으로 변한다. 그들은 남들과 똑같은 것 보다 자기만의 핸드메이드 제품을 좋아하고, 차별화된 것을 찾는다. 그래서 앞으로는 공산품보다 핸드메이드 상품이 더 인기를 끌 것이다. 앞으로 더욱 그런 느낌의 상품을 판매하는 것이 뜰 것 같다. 내향적인 조용한 사람들에게 초점이 맞춰진 상품 수요가 폭발하고 있다. 공산품은 대중적인 유통 플랫폼에서 계속 판매될 것이고, 직접 디자인해서 핸드메이드로 만든 것들은 새로운 시장을 형성할 것이다. 디자인이 어렵다면 자기만의 의미와 가치를 덧입히는 것도 방법이 될 수 있겠다.

레이저 프린터를 이용해서 누구나 상품을 만들 수 있다. 2,000만 원, 3,000만 원짜리 각인 프린터가 있다. 각인 프린터, 3D 프린터로 자기 로고를 찍어서 만든다. 자기 상품을 만들어서 판다. 사람들이 이런 것을 더욱 선호한단다. 고가는 아니어도, 이런 것이 뜬다. 창의성이 필요하다. 남들이 생각하지 못한 아이디어, 상징물, 미술적 감각이 가미된 제품이면 된다. 비슷비슷해 보이는 원피스 의류지만 독특한 큰 로고가 박혀 있으면 그건 새로운 의류가 된다. 이런 식으로 새 상품이 탄생하고 사람들이 관심을 끌게 된다.

앞으로 창의력이 더욱 주목받을 것이다. 사람들을 상대할 필요도 없다. 그저 수만 가지, 수십만 가지 상품을 개개인이 만들어내고 또 개개인들이 선호하고 추종할 것이다. 이런 시장이 늘어날 것이다. 공산품이 아닌, 창의적인 상품을 생산해서 팔면 더욱 잘 될 수밖에 없다. 박리다매의 시대는 가고 창의력의 시대가 오는 것이다. 고정관념에 사로잡히지 않고 개별 디자인을 구상한다. 로고든, 이미지든 뭐든 자기만의 값어치를 만들어낸다. 이 세상에 단 하나밖에 없는 한정 제품이라고 하면 왠지 더 끌린다. 이것을 잘 활용하는 것이 좋겠다.

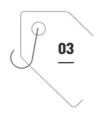

03 상품 상세페이지 만들기

　온라인 셀러는 상세설명은 최대한 자세히, 많이 보여주겠다는 각오로 준비해야 한다. 물론 그렇다고 너무 많은 설명과 이미지를 전달해서는 곤란하다. 요즘 시대에는 아주 짧고 강렬한 것에 사람들이 열광하고 반응하기 때문에 지루하게, 긴 상세설명과 막연한 이미지는 되레 고객들의 외면을 부를 수 있다. 그래서 준비는 그 누구보다 가장 많이 해서 최대한 압축할 고민을 해야 한다.

　처음 온라인 유통에 진입하는 브랜드들은 상세설명을 준비하는 데에 엄청난 공을 들여야 한다. 내 모든 것을 보여준다는 심정으로 접근해야 한다. 물론 너무 긴 상품 상세페이지는 사람들이 인내심 부족해서 아예 페이지 자체를 이탈한다. 그래서 어떻게 고객들의 흥미를 끌지를 생각해야 한다. 재미가 있어야 한다. 지루한 이미지, 상세설명은 아예 사람들이 안 본다.

　너무 어려운 문구, 전문적인 용어도 싫어한다. 직관적이어야 하고 결론을 바로 보여줘야 한다. 어설프게 '내가 가르친다. 알려준다' 이런 느낌도 배제해야 한다. 최대한 짧고 명확하게 설명해보여야 한다. 물론 말처럼 쉽지 않다. 그래서 타 브랜드, 타 상품의 상세설명을 수백, 수천 개를 봐야 한다. 이렇게 미친 듯이 보고 또 보면 다른 상품의 설명 중에서 훅하고 들어오는 것이 있을 것이다. 거기에서 벤치마킹할 착안점을 얻는다. 그리 보다 보면 내 안에서 번뜩이는 아이디어가 생길 수도 있다.

드라마도 보고 영화도 보고 게임도 보면서 아이디어를 궁리해야 한다. 여러 가지 생각들이 넘치고 또 많아지다 보면 요새 뜨는 말로 상품 홍보문구를 정할 수도 있고, 사람들의 이목도 끌 수 있을 것이다. 뉴스에서 핫한 이야기들도 살펴봐야 한다. 그런 것들이 상당 부분 반영될 때, 그때 고객의 선택을 받는 상품이 될 수 있을 것이다.

또한 상품 상세설명을 한 번 만들면 계속 그것을 고수할 것이 아니라 수시로 리뉴얼해줘야 한다. 지금의 트렌드, 지금의 관심사에 맞게 바꿔주면 좋다. 상품 이미지도 올드하다는 느낌이 들면 지금 사람들이 열광하는 형태의 이미지로 바꾸고 상세설명도 개편해야 한다. 그러한 지속적인 노력이 더해질 때, 상품 상세설명도 매끄러워지고 실제 매출로도 연결될 것이다. 더욱 간단명료하고 핵심만 전달하는 상세설명을 만들어서 내놓아야 할 것이다.

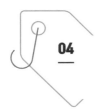

04 튀는 상품 만들기,
묻히면 끝!

    튀어야 한다. 그냥 한 방에 눈이 멈춰야 한다. 그것이 이미지든, 제품명이든 뭐든 간에 말이다. 이렇게 온라인에서는 궁금해하고 확인하고 싶고, 그래서 이것이 무엇인지 찬찬히 고객이 뜯어보게 만들어야 한다. 이렇게 고객이 이끌려야 한다. 그것이 가장 필요하다. 오프라인 매장은 고객이 시간과 돈을 들여서 매장을 방문했기 때문에 그 안에서 얼마 이상의 돈을 쓴다. 그냥 이탈하는 경우는 거의 없다. 그리고 한정된 상품 안에서 고객이 고른다. 그러나 온라인에서는 다르다. 선택지가 너무 많다. 쇼핑몰 플랫폼도 들어오고 나간다. 언제든 이탈할 수 있다. 그래서 딱 한눈에 들어야 한다.

    불법 빼고는 다 동원해봐야 한다. 무슨 말이든 일단, 끌려서 멈추고 보게 만들어야 한다. 어떤 문구, 홍보 문구가 고객들이 멈추게 해주는지도 생각해야 한다. 어도어 민희진 전 대표 어록이 뜨기도 했다. 그러면 민 전 대표의 유명 어록을 상품, 브랜드 홍보 문구로 활용하는 것을 고려해볼 수도 있다. 지금 가장 트렌디한 키워드, 표현에 사람들이 반응하기 때문이다. "이렇게 비겁하게 뭐 어쩌고 저쩌고 뒤에서 ㅈ르떨지 말고 어? 그냥 내 앞에서 사고 싶다고 말해!", "이 행사 믿는 내가 XX인가요? 내가 XX이에요? 살 거면 그냥 나한테 맞다이로 들어와서 사. 뒤에서 후회 떨지 말고" 이렇게 적으면 고객들이 한 번 더 쳐다보지 않을까 싶다.

제대로 튀려면, 지금 사람들이 어디에 관심을 가지는지 알아야한다. 어떤 드라마, 영화에 열광하는지, 요새 사람들의 고민이 무엇인지, 어떤 표현을 자주 쓰는지 등도 알아야 한다. 중꺾마, 중요한 건 꺾이지 않는 마음. 이런 표현 문구를 활용해서 압축어를 쓰는 것도 좋다. 기존에 통용되는 표현을 비틀어서 내 브랜드, 내 상품에 적용하면 사람들이 더욱 친숙하게 느낄 것이다.

온라인 유통에서 브랜드를 키워나가는 건, 처음부터 튀어야 하고, 그다음부터는 친숙해야 한다. 꾸준히 계속 사람들의 마음속에 자리매김해야 한다. 그래서 다른 브랜드가 비집고 들어올 틈을 주면 안 된다. 대안이나 대체재로 사람들 머릿속에 자리하는 순간, 내 브랜드는 언제든지 그 중 하나(One Of Them)이 될 수 있다. 지금 보이면 사지만, 안 보이면 안 사는 브랜드가 되면 끝이다.

온라인 유통에서 브랜드로 고객의 머릿속에 자리 잡으면 그 효과는 오래간다. 오직 내가 공략하려는 고객만 생각해야 한다. 온라인에서 그 고객은 변덕이 심하므로, 초장에 잡아야 한다. 그러려면 고객이 무엇을 원하는지 알아야 하고 어떤 말에 혹하고 빨려드는지 알아야 한다. 충분히 살 만하다는 느낌을 줘야 한다. 고객의 기대 이상을 충족할 수 있어야 한다. 고객이 생각지도 못한 바람을 충족시키면 그 브랜드는 온라인 유통에서 그냥, 강자가 될 것이다. 틀림없다.

내 상품명 정하기

상품 명칭 하나에도 심혈을 기울여야 한다. 주저리주저리 너무 많은 이름을 갖다 붙이면 고객들의 눈길을 끌지 못한다. 원샷원 킬이 되려면, 한눈에 고객들의 눈을 사로잡으려면 명쾌해야 한다. 아, 이거라는 느낌을 줘야 한다. 현재 유행하는 인기 대사, 트렌드를 파악하기 위해 요새 뜨는 인기 드라마, 영화도 봐야 한다. 어도어 민희진 전 대표 어록을 제품 홍보 문구로 사용하면 사람들이 친숙해서 한 번 더 보게 된다. 이러한 것들을 잘 고려해서 반영하는 것이 좋다.

'국내산 24년 올해 첫 수확한 햇양파 3/5/10kg' 이렇게 길게 상품 명칭을 정하는 것은 판매자로서는 최대한 각종 검색어에 노출되어 내 상품이 뜨게 하려는 의도다. 그러나 되레 이렇게 긴 상품명은 사람들에게 피로감을 줄 수 있다. 아예, '23년산 양파 3kg~' 이렇게 기재하는 것이 훨씬 사람들이 인식하기 쉽다. 무엇이든 단순해야 하고 단번에 사람들이 파악할 수 있어야 한다.

보통의 한국 사람들은 이름이 세 글자다. 그러나 일본 사람들의 이름이나, 유럽 사람들 이름은 길다. 그래서 쉽게 입에 올리기 어렵다. 너무 길기 때문이다. 너무 짧아서 무슨 제품인지, 어떤 강점이 있는지 알아차리기 어려운 것도 문제지만, 너무 많은 정보를 전달하겠다는 의지가 과해서 고객들에게 부담을 주는 건, 좋은 모습이 못 된다.

상품명 하나 가지고 너무 호들갑 떠는 것이 아니냐고 말할 수도 있다. 그러나 온라인 유통 시장에서 너무 많은 상품 중에서 내 상품, 내 브랜드에 고객의 눈길이 머물게 하려면 뭐 하나도 소홀히 할 수 있는 것이 없다. 그러므로 최대한 압축해서, 촌철살인의 상품 명칭을 내놓는 것이 필요하다.

상품명은 사람의 이름과 같다. 자주 불리고, 사람들의 입에 오르내리기 쉬워야 한다. 어려우면, 사람들 입에서 입으로 전파되기 어렵다. 잘 팔리고 있는 경쟁 브랜드, 상품의 명칭이 어떤지도 살펴본다. 그리고 포털 사이트에서 검색어로 인기를 끌고 있는 문구나 단어들도 조사한다. 그리고 난 뒤에 내 상품의 명칭을 정하면 더 강한 임팩트를 주는 상품 명칭이 될 것이다.

수산분야 지역 브랜드를 넘어
인터넷 시장에서 성과를 내다

노쉬프로젝트 회사는 건어물 판매를 위해 '자갈치오지매'라는 부산 로컬브랜드를 만들었다. 부산에서 다양한 오프라인 매장에 입점해 판매하고, 선물하기좋은 기념품으로 자리 잡았다.

인터넷 온라인 판매를 시작하고자 준비를 했는데, 건어물 상품은 워낙 저렴한시장이라 퀄리티 높은 선물상품과는 거리감이 있었다. 건어물이 아닌 수산분야로 넓혀서 저렴한 상품의 위탁판매를 시작했다. 첫 판매로 오픈한 상품이 반건조오징어, 피데기였다. 아무리 홍보해도 팔리지 않는 온라인 시장에서 첫 판매로 1,000만 원 이상 판매 성과를 만들어냈다.

이 수산업체의 첫 행사 성공 원인도 다름 아닌, 이미지다. 제품 이미지가 선명했다. 기존 수산업체의 오징어 이미지와 비교해서 시선을 사로잡는 먹음직스러운 이미지가 대표 이미지로 표현되었다. 내가 저녁에 마실 맥주와 곁들여서먹으면 괜찮겠다 싶은 반건조한 오징어 같았다. 물론 사람마다 느끼는 감정은다르겠지만, 사람들의 감성을 사로잡는 이미지는 수만 가지의 설명, 홍보보다더 강렬하다는 것을 느꼈다.

기존 수산업체보다 훨씬 더 좋은 이미지, 고객들을 불러일으키는 이미지와 실제 상품이 준비된다면 여타 수산 제품들도 더 많이 확장시켜 잘 판매할 수 있을 것 같다. 앞으로 더 많은 매출이 기대가 되는 곳이다.

〈자갈치오지매 반건조오징어〉 상세페이지 이미지

출처 : 저자 제공

김 부장의 기획 노트 _ 실행 편

온라인 셀러로
출발하기

01 사업자 등록하기

온라인으로 사업자 등록, 통신판매업 신고

요즘은 유튜브나 블로그를 보면 원하는 정보를 쉽게 구할 수 있다. 온라인 유튜브 영상을 찾아서 차근차근 따라 하면 사업자 등록, 통신판매업 신고를 금방 할 수 있다. 물론 처음 하는 이들에게는 힘든 일일 수 있지만 거쳐야 하는 과정이다. 이것이 사업을 하는 첫걸음이다. 그러므로 정말 신중히 마음먹고 사업을 할지, 말지 결심해야 한다. 사업자를 등록하는 순간 그로 인한 각종 의무가 따라오기 때문이다.

실질적인 절차는 어렵지 않다. 그래도 하나씩 순서를 알아보겠다. 우선, 국세청 사이트에 들어가서 신청한다. 신청/제출 메뉴에서 사업자 등록 신청(개인)을 눌러서 들어간다. 상호, 주소, 대표자 이름, 연락처 등 기본 정보들을 입력하고 업종을 지정한다. 업종으로는 업종코드 525101, 전자상거래 소매업을 선택한다. 이는 일반 대중을 상대로 온라인 사업을 하는 것을 의미한다. 이렇게 업종을 등록한다.

이후에, 사업장 정보를 입력하고 사업자 유형으로 간이, 일반 등을 구분해 지정한다. 처음 사업자 등록을 할 때는 간이사업자로 지정하는 것이 좋겠다. 간이사업자는 연 매출 4천 8백만 원 이하의 사업자에게 해당이 된다. 업종에 따라 0.5~3%의 세율을 적용받기에 일반 사업자에 비해 유리하다고 볼 수 있다. 이처럼 사업자를 등록 신청하고 며칠이 지나면 사업자등록증은 발급될 것이다.

그리고 통신판매업 신고를 해야 한다. 통신판매 등록증을 발급받기 위해 구매안전서비스 이용 확인증이 필요하다. 네이버 스마트스토어에 가입하고 로그인한 뒤 판매자 정보를 클릭한다. 그 뒤 우측 상단의 '구매안전서비스 이용 확인증'을 프린트하면 된다. 그리고 나서 '정부24'에 들어간다. 검색어 입력 칸에 '통신판매업 신고'라고 기재하면 된다. 신청서비스라는 항목으로 나온 문서를 확인한다. 업체 정보, 판매 정보를 기재하고 구매안전서비스 이용 확인증을 첨부한다.

이 내용이 가장 기본적인 것이다. 처음 하면 낯설고 어렵겠지만 힘든 일은 아니다. 누구나 다 겪는 과정이다. 어떤 식이든 사업을 하게 되면 세금 신고도 해야 하고 의료보험, 국민연금 등 각종 납부해야 되는 것들도 따라온다. 그러한 것들을 감당하고 제대로 오래오래 할 것인지, 아니면 잠시 해보고 말 것인지 생각해야 한다. 이왕이면 평생 하겠다는 각오로 시작하기를 바란다. 그것이 아니면 아예 시작하지 않는 것도 필요하다.

02 사업자 상호 정하기

사업자의 명칭이 상호다. 개인사업자의 경우 상호를 상표로 등록할지 말지를 생각하는 것이 너무 멀리 나간 거라 여길 수 있다. 그러나 잠시 잠깐 하고 끝낼 일이 아니라 오래오래 평생 할 사업이라고 생각하면 상호를 쉽게 생각하지 않을 것이다. 어떤 이름으로 할지 시간을 두고, 고민해서 만든다. 그리고 법적 권리로 보호하기 위해 상표권 등록을 고려하는 것이 좋겠다. 이런 마음가짐으로 시작한다면 이커머스 셀러, 온라인 판매가 더욱 신중해질 것이다.

우선 법원 인터넷 등기소에 들어가서 내가 지으려는 상호, 상표가 등록되어 있는지를 확인한다. 미리 체크해둔다. 그래야 내가 등록하려는 상호, 상표가 있는지를 알 수 있다. 있으면 그 상호, 상표를 사용하지 못한다. 다른 이름으로 바꿔야 한다. 의외로 이런 경우도 많이 겪는다. 그래서 미리 확인하는 건 꼭 필요한 사항이다. 명심해야 한다.

이왕이면 한글로 짓는 것이 좋겠다. 그래야 사람들에게 쉽게 검색되고 쉽게 입에 오르내릴 수 있기 때문이다. 사람들이 말하기 어려운 이름이면 인지도를 쌓기 어려울 수 있으니, 쉽고 편하게 통용되는 이름으로 하는 것을 추천한다. 현대(Hyundai)처럼 이름이 익숙하지 않아도 계속 자기 신념, 스토리가 담긴 상호를 밀고 가야 한다면, 그것도 그 사업자의 판단이므로 나쁘지 않다. 무엇이든 잠시 잠깐 쓰는 것이 아니라 평생이라고 생각하고 신중히 정한다.

그리고 판매하려는 상품을 잘 설명할 수 있는 키워드가 상호, 상표가 되는 것이 좋겠다. 사람들의 마음속에 잘 자리 잡는 상표, 브랜드가 될 수 있기 때문이다. 또한 그 상호, 상표에는 스토리가 담겨야 한다. 심볼(Symbol), 상징이 있어도 좋다. 스토리, 상징으로 사람들이 그 상표를 떠올릴 때 느낄 수 있는 감정, 이미지, 의미가 있어야 한다. 그래야 그 상표, 상호가 오래오래 지속될 수 있다.

사람들의 마음속에 자리 잡는다면 그 상표의 제품은 확장성을 갖게 된다. 우리가 잘 아는 브랜드들이 처음에는 무명이었다. 공을 들이고 시간을 축적한 덕분에 브랜드가 된 것이다. 내가 정하는 상표, 상호 또한 그리되지 말라는 법 없다. 그러므로 더 신중함과 고심으로 만들어야 하겠다. 그것이 사업의 시작이라고 말하고 싶다.

03 간이사업자로 시작하기

처음 사업을 시작하면 돈을 벌기보다 돈이 나가는 일이 더 많을 것이다. 당연한 이야기다. 사업을 하자마자 돈이 엄청나게 들어오는 일은 없다. 그보다는 나갈 돈이 엄청나다. 그래서 이것저것 자금을 준비하지 않고 벌리는 건 무리이다. 그리고 시작한 뒤에도 최대한 돈 나갈 일을 줄이는 것이 맞다. 그래서 처음에는 간이사업자로 등록해 진행하는 것을 추천한다. 처음에는 매출이 많지 않을 가능성이 크다. 그러므로 간이사업자로 해보는 것이 좋겠다.

간이사업자에는 여러 장점이 있다. 우선 장점을 먼저 알아본다. 법인은 1년에 4번, 일반은 2번 해야 한다. 그런데 간이사업자는 1년에 1번, 1월 25일까지 신고 납부하면 된다. 대부분의 간이사업자는 납부세액이 0원이다. 납부세액이 0원이기에 부가세 관리를 별도로 하지 않을 수 있다. 처음에는 사업 자체에만 집중할 수 있는 이점이 있다.

부가세도 일반사업자는 10%를 내는데 간이사업자는 0.5~3%를 부담한다. 이것만으로도 이득이 된다. 신용카드 발행 세액공제도 된다. 신용카드 매출의 1.3%를 1,000만 원 이내까지 세액공제를 해준다. 또한 공급대가 3,000만 원 미만이면 납세의무가 면제된다고 한다. 이러한 장점을 잘 활용하며 사업을 하는 것이 좋겠다. 그래야 돈을 절약할 수 있다.

단점도 있다. 세금계산서 발행이 안 된다. 그래서 간이사업자와의 거래를 꺼리는 거래처가 생길 수 있다. 부가가치세 환급도 못받는다. 일반사업자는 매입이 매출보다 높으면 부가가치세 환급이 가능한데 간이사업자는 이것이 힘들다. 그래도 단점보다 장점이 많으므로 초기에는 간이사업자로 사업을 해서 시간을 벌어야 한다. 그런 뒤에 나중에 일반사업자로 변경하는 것을 고려하면 되겠다.

간이사업자라고 해서 태도, 마음가짐까지 간소하게 가질 필요는 없다. 철저히 낮은 자세로 움직이되, 열정, 의욕은 그 누구보다 부족함이 없도록 계속 관리하고 챙겨나가야 하겠다. 상품 공부, 시장 공부 등 뭐든 가리지 않고 꾸준히 계속해나가야 하겠다. 그럴 때, 사업이 안정적으로 정착되지 않겠는가. 멘탈 관리가 잘 되기를 바랄 뿐이다.

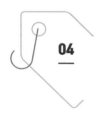

04
시작하고 나면
오래오래 사업 유지하기

　너무 많은 이들이 시작하고 금세 그만둔다. 그래서 오래 버티는 이들이 너무 적다. 온라인 시장이 장밋빛이고 하루에 1, 2시간씩 시간 들이면 부업으로 100만 원, 200만 원 벌릴 것처럼 관심을 끌어서 인기 팔이 하는 이들이 많다. 그런데 막상 해보면 그렇지 않다는 것을 알게 된다. 너무 많이 뛰어들어서 경쟁이 엄청나게 심한 시장임을 알아야 한다. 쉬운 일이 아님을 인정하고 시작해야 한다. 그래야 쉽게 지치지 않는다. 긴 호흡으로 멀리 내다보는 태도를 가지는 것이 필요하겠다.

　금방 돈이 안 벌릴 수도 있다. 기다리는 시간이 필요하다. 매출이 없는 기간이 길어질 수도 있다. 매출이 없거나 적은 기간에 별의별 생각이 다 든다. 그런데 그런 시간이 있어야 자신이 시작한 사업을 구상하고, 또 지켜보는 시간을 가질 수 있다. 필요한 과정이다. 그냥 되는 것이 아니다. 직장인은 직장에서 시키는 일의 범위 안에서 움직이면 된다. 그런데 사업자는 엄청 외롭다. 고민하고 생각할 것이 많다. 그리고 그것들을 모두 혼자 감당해야 한다. 그래서 쉽게 시작하기보다는 신중히 생각하고 벌리는 것이 좋다. 그리고 마음먹었으면 오래오래 유지해야 하겠다.

금세 자리 잡을 생각을 해야지, 오래 버티는 것을 목표로 하는 건 너무 약한 소리라고 생각할 것이다. 그런데 절대 그렇지 않다고 생각한다. 오래 살아남는다는 것은 절대 쉬운 일이 아니다. 마음 단단히 먹어야 하는 일이다. 그러므로 어떻게든 살아남을지, 버틸지를 먼저 궁리해야 한다. 많은 일을 겪는 첫걸음이라고 생각한다. 온갖 일에 엮이고 뒤틀릴 수 있다. 그중 가장 첫 번째가 오래 유지하는 것이다.

오래 평생 머무를 거라고 마음먹으면 뭐든 더 긴 안목을 염두에 두며 움직이게 된다. 신중해지고 사려 깊어진다. 장기적인 생각, 사고하게 되고, 지금 힘들고 어려워도 견딜 힘이 생길 수 있다. 지금 비록 뜻대로 안 되어서 신념과 의지를 가지게 된다. 그러면 기다리고 인내하는 기간 안에 분명히 길을 찾거나 만들 수 있다. 인내하는 것이 절대 쉽지 않기 때문에 인내하는 동안 더 치열하게 고민하고 생각하며 움직이게 된다.

지름길을 알면 수월하게 이뤄낼 수 있다고 생각하는 이들이 많다. 그러나 그런 지름길은 독약이 될 수 있다. 요행, 지름길은 사업을 시작하는 초기에 정말 안 좋은 길이다. 그러므로 아예 더 고생하고 더 힘들다고 생각해야 한다. 그래야 무슨 일이든 잘 헤쳐나가며, 성과를 만들어나갈 수 있다. 사업을 시작하는 순간, 고민 시작이다. 별의별 생각을 다 하게 된다. 그래서 평생 할 일이라고 여기고, 그 일 속에서 살아갈 각오를 하는 것이 좋다.

우리나라 배달 이용자 60% 이상이 닭소비를 한다?

우리나라 배달 이용자 중 60% 이상이 치킨을 시켜 먹는다는 통계가 있다. 그만큼 닭 소비량이 엄청나게 크다. 그래서 닭을 판매하면 매출을 많이 내고 고객들의 인기를 쉽게 얻을 것 같지만 생각보다 온라인으로 닭을 구매하는 빈도는 높지 않다. 그래서 이커머스 온라인 채널에서 생닭이든 가공한 치킨이든 판매하는 것은 쉬운 일은 아니다. 그러한 온라인 유통 시장에서 신선생활이라는 축산 브랜드를 만들어서 단기간에 혜성과 같이 온라인 유통 시장에 데뷔한 닭 판매업체가 있다. 이 업체는 가공된 닭가슴살을 OEM 제조해주던 업체였다. 그런데 판매 벤더가 매출을 많이 내는 것을 보고, 약간의 자신감을 얻어 온라인 시장으로 뛰어들었다.

판매 초기에는 압도적인 가격으로 경쟁사들의 행사가격을 뛰어넘는 가격으로 고객들의 손과 눈을 사로잡았다. 물론 아직은 알려지지 않은 이름이어서 폭발적인 매출을 내지는 못했다. 그러나 온라인 채널에서 베스트 순위 5위 안에 들어가는 기록을 내보이면서 앞으로의 성장 가능성을 한층 더 기대하게 했다.

〈신선생활〉 상세페이지 이미지

물론 아직도 갈 길이 멀다. 그러나 쉽지 않은 온라인 유통 채널에서 오랫동안 자리매김하는 업체로, 상품으로 등극할 것이 분명해 보인다. 그 이유는 다름 아닌 열정과 끈기 때문이다. 시작부터 이렇게 공격적으로 하는 업체는 요즘은 찾아보기 어렵다. 워낙 원물 가격이 오르기도 했고, 판매자와 온라인 MD 간의 불신도 심하기 때문이다. 쉽지 않은 영역에서 새로운 출발을 하는 닭 업체와 파트너십을 맺고 같이 출발할 수 있어 기분이 좋다. 향후 고매출을 꾸준히 내는 파트너사로 오래오래 자리 잡을 듯해 기분이 더욱 좋을 뿐이다.

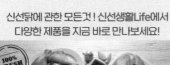

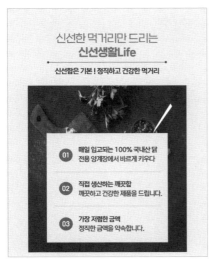

출처 : 저자 제공

Part
07

100억 매출
만드는 김 부장의
비밀 노트

MD와 연결하기,
역지사지의 마음

01

상대방에게 바라기만 하는 이들이 많다. 온라인 채널이 사람을 대면하지 않고 일하는 경우가 많아서 더욱 대범 해진다. 스스럼없이 말한다. 그리고 의논해서 정한 것도 뜻대로 안 되면 화내거나, 준비되던 것을 마음대로 취소시켜 버린다. 이렇게 막장 짓을 저지르는 이들이 많다. 그런 무개념 판매자들은 조금만 지나면 그 업계에서 알려진다. 그런 이들과 아무리 매출을 많이 만들어도 기분이 좋지 않다. 결말이 안 좋기 때문이다. 꼭 사고가 터진다. 항상 나중 뒤끝이 안 좋다.

고매출을 내겠다고 큰 행사를 기획하는 경우가 있다. MD와 셀러 모두 기대가 있다. 그런데 생각처럼 실적이 나오지 않을 때도 있다. 그렇다고 매출 부진의 이유를 상대에게 떠넘기고, 무례하게 굴면 다음 기회를 가질 수 없다. 뜻대로 안 되었다고 연락을 끊어버리거나 행사를 취소해버리는 이들이 생각보다 많다. 속된말로 닳고 닳아서 앞으로의 상황을 자기들이 예측한다. 잘 안될 거 같으면 잠깐 이용하고 상대방을 끊어버린다. 고객들에게도 이런 짓을 서슴없이 한다. 이미 구매한 상품을 강제 취소해버리고 최초 행사 때와 다른 일을 벌이고도 뻔뻔하게 넘겨버린다. 이런 이들이 셀러로 오래갈 수 있을까? 절대 아니다.

회사의 대표가 그런 짓을 하면 회사의 직원들이 떠나가고 이커머스의 MD들은 셀러를 멀리한다. 매출이 아무리 좋아도 신뢰가 떨어지면 매출이 쪼그라들게 마련이다. MD, 셀러 서로 멀어진다. 셀러들은 자기 상품을 잘 팔 기회도 잃어버리게 된다. MD는 제대로 된 상품을 기획하기 어려워진다. 어느 위치에 있든 항상 상대적이다. 상대방의 잘못, 책임만 따지면 서로 제대로 관계 지속하기 어렵다.

자기 돈 쓰는 것은 아까우면서 남의 돈은 아무렇지도 않게 생각하는 이들이 있다. 그런 이들은 거의 사기꾼이다. 또한 내 시간이 아깝듯이 남의 시간도 아까운 것이다. 항상 역지사지로 생각해야 한다. 그리고 상대가 정성을 다해 노력했는데도 상황이 꼬여서 제대로 흘러가지 않았다면 상황을 탓해야 하고, 다음을 기약해야 한다. 그런 마음이라야 상대방도 다음번에도 믿고 또 움직이는 것이다. 엄청나게 조급해 하며, 들뜨게 만든 뒤 자기 원하는 것만 취하는 이들은 양아치다. 그런 이들은 조심해야 한다. 아예 멀리하는 것이 최선이다.

아무리 높은 매출을 내는 것도 중요하지만 거래하는 상대방, 즉 사람의 심성, 마음가짐, 됨됨이가 중요하다. 아무리 좋은 상품도 취급하는 사람이 문제가 있으면 제대로 팔릴 리 없고 제대로 고객들에게 전달되기 어렵다. 상식을 넘어서는 행동을 하는 이는 이유 불문하고 멀리하고 관계를 끊는 것이 좋다. 그런 이들과는 절대 오래가지 못한다. 그래야 오래오래 잘 지낼 수 있다.

02
MD와 같이
행사 기획하기

잘 팔리는 상품을 당연히 MD와 셀러들은 선호한다. 지금 당장 이슈, 트렌드가 되는 상품을 더 좋아한다. 그러므로 같이 행사를 기획하면 좋은 결과를 만들어낼 수 있다. 최대한 많은 정보를 공유하고, 트렌드에 대한 의견을 나누는 것이 좋다. 지금 고객들이 관심을 두는 상황에 맞는 행사를 내놓아야 고객의 인정을 받는다. 한때, '노 저팬'으로 '사지 않겠습니다. 가지 않겠습니다'라는 일본 불매운동이 벌어졌던 때가 있다. 그때 일본 관련 캐릭터 상품을 판다고 하면 누가 좋아하겠는가? 소비자들도 유통 시장도 다 꺼렸을 것이다. 대신 국산, 애국 마케팅을 할 수 있는 상품이었다면 사람들이 한 번이라도 더 눈여겨봤을 것이다.

지금은 일본의 짱구 캐릭터가 인기를 끌고 있다. 지난 몇 년간 포켓몬 띠부씰도 인기였다. 띠부씰이 들어 있는 빵을 못 사서 새벽에 오픈런을 하는 아빠들이 많았다. 그만큼 사람들이 포켓몬에 열광했다. 그리고 지금은 그 인기가 많이 사그라들었다. 트렌드, 인기도 떴다가 사라지는 것이다. 상품 설명도 트렌드가 있는데, 상품은 더 말할 필요가 없다.

한때, 제주도 관련 여행 상품이 불티나게 팔렸다. 코로나19 때문에 해외여행 길이 막혔기 때문이다. 그런데 지금은 다르다. 일본이나 베트남이 되레 제주도보다 인기다. 과거보다 사람들이 해외여행에 대한 열망이 커졌기 때문이다. 이렇듯 항상 변해가는 사람들의 마음을 잘 헤아리는 상품이 소비자의 인기를 끌고 또, MD들의 눈에 드는 상품이 된다.

지금은 불황, 불경기가 키워드다. 그래서 어떻게 든 가성비 넘치는 상품을 내놓아야 한다. 1인 가구들이 늘고 있고 사람들의 지갑이 더 얇아지고 있다. 이런 때에 고급 고가 상품을 내놓으면 안 팔릴 가능성이 크다. 싸고 질 좋고 오래오래 쓸 수 있는 것이 최고다. 그런 상품을 더 많이 전면에 내세우면 사람들이 열광하고 줄을 설 것이다. 이러한 트렌드에 부합하는 상품을 셀러가 제공하고 어떻게 행사를 구성하느냐로 MD와 같이 고민해야 한다.

고작 상품 하나 가지고 너무 거창하게 불황, 트렌드를 이야기한다고 말할 수도 있다. 그러나 갈수록 삶이 팍팍해지고 있어서 쇼핑 하나에도 더 시간을 들이고 이래저래 재 보는 사람들의 습성이 늘고 있다. 그러므로 단번에 팍하고 사람의 마음을 사로잡을 수 있는 상품을 내놔야 한다. 그러기 위해 더욱 MD는 MD대로, 셀러는 셀러대로 시장 조사하고 머리를 맞대야 한다. 그래야 오래오래 자리 매김하고 고객의 인기를 사로잡는 상품을 내놓을 수 있을 것이다.

MD와 매출 부진
개선하기

　MD와 셀러가 같이 기획해서 고객들 앞에 내놓은 상품의 매출이 기대만큼 나오지 않을 때, MD나 셀러는 제일 힘들다. 그런데 그 힘든 순간이 도리어, 개선하고 더 좋게 만들 기회임을 명심해야 한다. 불편하므로 그냥 넘기려는 건, 만회할 기회를 버리는 것과 같다. 불편하지만 매출이 부진한 상황을 잘 들여다보면 다음 번에 더 좋은 행사를 할 수 있다.

　도대체 무슨 일이 있었던 것인지 파악해야 한다. 내 상품이 행사할 때, 경쟁사 상품이 행사를 동시에 한 것은 아닌지, 또는 대체 상품이 더 잘 팔려서 내 상품의 행사가 묻힌 건 아닌지 따져봐야 한다. 내 상품의 행사가 더 이상 신선하지 않아서 고객들이 식상해 하는 건 아닌지도 들여다본다.

　내가 참외 3kg으로 14,900원에 행사를 하는데, 경쟁사가 참외 2kg에 7,900원에 행사를 하면, 당연히 내가 하는 참외 행사가 잘 될 리가 없다. 내가 A 브랜드사의 참치캔이 10개 9,900원에 행사를 하는데, B사 브랜드가 동일 기간에 10캔에 7,900원에 팔면 내 브랜드사 매출이 안 좋아질 수밖에 없다. 그러므로 내 브랜드, 내 상품만 볼 것이 아니라, 타사의 제품이 어떤 활동을 하는지도 같이 살펴보는 것이 좋다.

　내 브랜드, 상품의 매출이 부진할 때, 어떤 보완, 개선이 필요한지 더 고민하게 된다. 위축되고 움츠러들 수 있어서, 부정적으로 될 수 있는데, 최대한 더 나아질 계기를 만났다고 생각하는 것이 좋겠다. 고객의 니즈가 변한 것이 있는지, 시장의 트렌드가 변한 것인지 등 여러 가지를 살펴볼수록, 내 시야도 넓어진다. 한 번 두 번 행사하고 판매해보고 금세 포기하지 않아야 한다. 특히나 온라인 유통 시장에서는 변수가 너무 많아서, 잘 팔리는 상품도 안 팔리는 경우가 많다. 그러므로 계속 꾸준히 도전해야 한다.

내 브랜드, 상품을 기획하면서 놓친 것은 없는지 봐야 한다. 내 경쟁자들이 어떻게 움직이는지, 내 상품군의 시장이 어떤 흐름을 보이는지, 하나둘씩 파악하고 관찰하다 보면, 더 넓은 의미에서 시장이 보이고 고객의 반응이 파악될 것이다. 그리고 다음 행사가 더 준비된 고매출이 나오는 행사가 될 수 있을 것이다. MD는 MD대로, 셀러는 셀러대로 각자의 관점에서 다르게 볼 수 있으니, 최대한 의견을 나누고 머리를 맞대야 할 것이다.

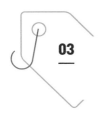

03 온라인 판매 채널 정하기

온라인 시장에서 상품을 판매할 채널은 차고 넘친다. 기회가 넘치는 세상이다. 그런데 그 기회를 너무 쉽게 생각한다. 금방 매출이 안 나온다고, 판매 채널이 자기 브랜드와 맞지 않는다고 선을 그어 버리고, 손절한다. 과거 오프라인 유통 채널보다 너무 쉽고 편하게 진입할 수 있다 보니, 되레 오래 자리매김하는 온라인 셀러가 적다. 아이러니하다. 기회가 많아서 그 기회를 소중히 여기지 않는 것 같다.

온라인 셀러로 시작하자마자 다 입점하고 다 판매하겠다는 생각하는 이들도 많다. 그런데 이렇게 시작부터 과도한 의욕으로 움직이면 금방 지친다. 안정적인 자리매김이 힘들다. 그보다는 차분히 시간을 들여서 적응하겠다고 마음먹는 것이 낫다. 처음에는 채널한 곳을 정하고 그 판매 채널의 특징이 어떤지 파악하는 것이 먼저다. 이리저리 둘러보고 알아가는 것이 필요하다. 각양각색의 온라인 판매 채널에 대한 학습과 적응을 먼저 해야 한다.

24년 차 이커머스 MD가 말하는 **온라인 마켓, 매출 100억 비밀 노트**

내가 진입하려는 판매 채널에서 어떤 판매자들이 활동하는지 살펴본다. 내 브랜드의 경쟁자들이 얼마나 있는지, 어떤 상품을 팔고 있고 어떤 행사가 고객들의 이목을 끄는지도 공부하는 것이 좋다. 얼핏 보면 다 비슷비슷해 보이지만, 차분히 살펴보다 보면 미묘한 차이를 느끼게 된다. 그 차이점을 파악해두어야 내 상품, 내 브랜드를 어떻게 적용해서 매출을 낼지 구상할 수 있다.

처음부터 너무 많은 곳에서 활동하려고 마음먹으면 힘이 분산될 수밖에 없다. 도장 깨기를 하듯이 하나둘씩 파악하고 적응하는 것이 좋다. 내 브랜드의 가치, 콘셉트와 잘 부합하는 판매 채널인지도 고려해야 한다. 저가 위주로 판매하고 판매한 뒤에는 고객 관리는 제대로 안 하는 곳인지, 아니면 판매 후기와 배송 등의 일련의 과정을 고객들과 접촉하는 소중한 경험으로 보고 잘 챙기는지 등을 파악한다. 그래야 내 브랜드, 내 상품이 고객들에게 제대로 알려지고 인정을 받을 수 있다.

어디에서 팔든 내 상품, 내 브랜드를 보여주기만 하면 된다는 생각은 절대 금물이다. 선별하고 입점할지 말지를 결정해야 한다. 그러한 고민과 결정이 내 상품을 더 돋보이게 해주고 내 브랜드의 가치를 유지시켜준다. 판매 채널에 관한 관심과 공부가 곧 내 브랜드의 가치를 지켜주고 내가 만나고 싶어 하는 고객들과 연결되는 첫 시작이다. 그러므로 판매 채널에 대해 잘 파악하는 것이 좋겠다.

쿠팡, G마켓에서
팔기

우리가 잘 알듯 쿠팡은 이커머스에서 성장 속도가 가장 큰 플랫폼이다. 그래서 쿠팡에서 판매자로 나서서 판다는 건 가장 잘 팔리는 플랫폼에서 내 상품을 파는 것이다. 뻔한 이야기지만, 그래서 쿠팡을 판매 채널로 이용하는 것도 고려해본다. G마켓은 오픈마켓 형태로 가장 오랫동안 영업을 해왔다. 그래서 판매자들이 알아서 활동하기에 많은 조건이 적용되어 있다. 그래서 G마켓에서 판매자로 활동하는 것도 유용하다.

쿠팡은 로켓배송이 있다. 고객 입장에서는 오늘 저녁에 구매해도 내일 아침에 배송받을 수 있는 매우 유용한 코너다. 그래서 쿠팡은 로켓배송에 입점 희망하는 판매자들에게 더 높은 수수료와 조건들을 요구한다. 그러므로 첫 온라인 유통에 진입하자마자 덜컥 로켓배송에 입점하는 것은 조금 신중할 필요가 있다. 그보다는 쿠팡 마켓플레이스, 즉 오픈마켓 형태의 판매 방식을 선택하는 것이 좋겠다.

쿠팡도 판매자 회원 가입하고 자기 상품을 등록하면 판매 시작할 수 있다. 어떤 키워드가 주요 단어인지 공부도 하고, 경쟁 업체들이 어떻게 판매 활동을 하는지 하나하나 관찰하고 또, 구매도 해보면서 알아간다. 그런 과정에서 쿠팡 플랫폼에 적응해야 한다. 내가 누구와 경쟁하는지도 알아야 하고 활동하는 무대가 어떤 규칙이 적용되는지도 알아야 수월하게 판매 활동할 수 있다.

G마켓은 각 상품군 중에서 중간 이상의 가격대 상품들이 베스트에 많이 노출되는 편이다. 가격 경쟁이 치열하지 않은 곳이다. 물론 타 온라인 채널에 비해 수수료가 높을 수도 있다. 그러나 오픈마켓 위주의 운영이 강해서 판매자들이 스스로 찾아서 움직이는 것이 수월할 수 있다. 물론 어느 채널이든 마찬가지이지만 선점이 중요하다. 내가 남들보다 먼저 활동해서 판매 수량과 후기를 쌓아서 파워 셀러가 되면 더 좋은 입장에 설 수 있다.

쿠팡이든 G마켓이든 결국은 그 온라인 유통 채널 환경에 대한 이해가 있어야 하고, 경쟁자들과 싸움에서 내가 얼마나 오래 견뎌서 이기고 오래오래 머물지가 관건이다. 그래야 그 채널에서 살아남는 강자가 될 수 있다. 나보다 먼저 입점해서 활동하고 있는 경쟁자들을 잘 살펴보다 보면 길이 열릴 수 있다. 특히나 온라인에서는 남들이 어찌 활동하는지 관찰하는 것이 정말 중요하다. 쿠팡, G마켓에서도 경쟁자들을 잘 살펴봐야 하겠다.

카카오스토어에서 팔기

검색 사이트에서 카카오스토어 판매자 센터를 검색해서 찾는다. 그리고 카카오스토어 가입하기 버튼을 클릭한다. 계정이 없으므로 회원 가입을 먼저 한다. 가입할 때, 필수 서류가 있다. 그 서류들을 차근차근 찾아보고 준비해서 챙겨서 판매자로 가입하면 된다. 이런 내용은 카카오스토어에 접속해서 매뉴얼을 차근차근 읽어보기만 하면 금방 알 수 있다. 어려운 것이 아니다. 이렇게 카카오스토어 판매자로 등록을 한다.

모르면 고객센터에 전화해서 물어보면 된다. 그러면 알 수 있다. 물론 자신이 무엇을 모르는지, 어느 부분이 잘 안 되는지를 먼저 해보고, 궁금한 부분을 잘 정리한 뒤에 물어야 한다. 쉽고 편하게 물어서 모든 것을 다 해결할 생각을 하면 곤란하다. 그런 마음가짐은 판매자 활동에도 영향을 미친다. 남에게 기대려는 마음은 좋은 것이 못 된다. 세상에 어디에도 쉽게 시작할 수 있는 건 없다. 다만 남들이 하는 것을 보고 조금 수월하게 접근할 수 있을 뿐이다. 그리고 쉬운 일에만 매달리면 정말 고수, 잘 팔리는 상품을 갖는 판매자가 되기 어렵다.

상품 등록하는 법, 상품 잘 노출되게 하는 법 등 궁금한 것이 많을 것이다. 그것들을 하나둘씩 알아가는 과정이 필요하다. 금방 배워서 금방 무엇을 할 수 있다는 생각보다는 하나씩 차근차근 직접 해보면서 체험하는 것이 가장 좋다. 자신이 해보지 않고 남의 말만 듣고 움직이는 것보다는 직접 확인하면서 점검하고 체크하는 것이 제일 좋은 방법이다. 아무리 힘들어도 시간을 들여서 관심을 가지면 알 수 있다. 엄청 어려운 일이 아니다. 다만 카카오스토어는 온라인 유통 중에서는 후발주자여서, 시스템이 제대로 안 되어 있을 수 있다. 그것을 감안하고 접근해야 된다.

자신이 무엇을 모르고 무엇이 더 필요한지는 자기 시간을 들일 때 알 수 있는 법이다. 시간을 투자해야 한다. 그냥 이뤄지기를 바라는 건 판매자의 바람직한 모습이 못 된다. 판매자로 데뷔한 이후에 더 많은 일이 생길 것인데, 그럴 때마다 고객센터에 묻고 담당

MD에게 물어서 해결할 것인가? 그럴 수 없다. 그러므로 스스로 헤쳐나가고 해결해나가는 습관을 지녀야 한다.

카카오스토어를 권장하는 이유는 다른 온라인 쇼핑몰보다 판매 이력이 적기 때문에, 기회가 더 많다고 보기 때문이다. 또한 카카오 선물하기 등 다양한 새로운 시도도 많아서 판매자에게 새로운 판매 기회가 될 수 있어서다. 그래서 카카오스토어를 권유하는 것이다. 카카오스토어 또한 입점하고 상품 등록하고 난 뒤에 제대로 된 시작이 될 것이다. 시작하고 난 뒤에도 해야 할 일은 차고 넘친다. 그건 다름 아닌 카카오스토어 내에 판매하고 있는 상품들을 관찰하는 것이다. 그리고 자기 상품을 어떻게 팔아야 하는지 등의 여러 고민이 시작될 것이다.

폐쇄몰에서
상품 팔기

최종 판매자, 셀러들에게 물건을 파는 오너클랜, 케이셀러에 공급자 코너도 있지만, 최종 고객들이 물건을 살 수 있는 코너도 있다. 사실상 도매 사이트이기에, 여기에 고객들이 들어와서 쇼핑하는 경우도 많다. 소규모로 용돈을 벌겠다고 뛰어드는 개인들도 적지 않다. 그러므로 이런 판매 시장도 있다는 것을 알 필요가 있다. 쿠팡, 카카오처럼 거대 온라인 유통 채널에서만 활동할 필요는 없다.

B2B, B2C의 경계가 점점 약해지고 있는 것이 요즘이다. 그러므로 잘 활용해볼 필요가 있다. 이것도 하나의 길이 된다. 소매상에게

파는 물건, 최종 소비자에게 파는 물건이 딱 정해져 있는 것이 아니다. 1개만 구매하는 것이 아니라, 여러 개 구매하려는 고객이 있으면 그들에게 팔면 되는 것이다.

폐쇄몰에서 물건을 파는 것도 가능하다. 예를 들어 포켓몬 캐릭터의 인기 있는 제품인데, 가격 통제가 심하지만 나는 더 가격을 낮춰서 팔 수 있다고 하자. 그런데 네이버 가격 비교 검색에 노출되면 안 되는 이런 처지일 수 있다. 그럴 때, 폐쇄몰에 입점해서 가격을 낮춰서 팔 수 있다. 그러면 상품 공급해주는 이의 가격 통제에서 벗어나 판매할 수 있다. 이렇게 폐쇄몰에 입점해서 파는 것도 고려한다.

공기업 등의 복지몰에 입점해서 파는 것도 괜찮다. 기업의 복지몰은 그 기업 직원들만 접속해서 상품을 구매하는 것이기에, 상대적으로 경쟁이 덜 할 수 있고, 판매가격도 외부에 노출이 되지 않으니, 안전할 수 있다. 물론 복지몰에 입점해서 팔기 위해서는 상품 구색을 다양하게 갖춰야 한다. 그러기 위해서는 온라인 판매상으로 초기에 진출해서 바로 진입할 수 있는 곳은 못 된다. 그래도 어느 정도 온라인 판매자로 내공이 쌓이고 나면, 충분히 고려해볼 곳이다.

당근마켓, 번개장터에서 판매상으로 나서는 이들도 있는데, 이 채널은 B2B, B2C의 개념이 아니라 C2C 개념이다. 개인과 개인 간의 거래이므로 사업자를 가진 판매자가 뛰어들어서 판매하다가는 각종 이슈에 엮일 수 있다. 그러므로 당근마켓, 번개장터에서 판매자로 나서는 것은 조심해야 한다. 매출을 내는 것도 중요하지만, 무분별하게 뛰어들어서는 안 된다. 조심해야 할 부분이다.

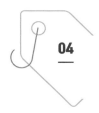

04
온라인 유통 채널에 입점해 판매 시작

온라인과 오프라인 채널 비교

온라인과 오프라인 유통은 확연히 다르다. 그 차이점을 알아야, 온 오프라인 동시 진행을 할지, 아니면 온라인만 진출할지, 오프라인만 할지를 정할 수 있다. 우선 온라인과 오프라인 채널에는 어떤 것들이 있는지 확인이 필요할 것이다. 그 채널에 따라, 입점, 운영, 판매 전략 등 모든 것이 다르기 때문이다.

온라인 유통 채널은 종합몰, 카테고리 전문몰, 제조사 D2C몰, 폐쇄몰이 있다. 네이버 쇼핑, 쿠팡, 카카오, G마켓, 11번가 등은 온라인 종합몰에 속한다. 그리고 카테고리몰로는 오늘의 집, 마켓컬리, 무신사, 브랜디가 있다. 또, 자사 직원들만을 대상으로 하는 폐쇄몰, 복지몰이 있다. 최근에는 제조사들이 고객들과 직접 소통하는 D2C몰도 점점 시장에서 점유율을 높여가고 있다.

오프라인 유통 채널은 백화점, 대형마트, 중소 마트, 아울렛 정도로 볼 수 있다. 백화점은 중고가격 상품으로 남성, 여성, 아동패션 등 패션 상품과 대형 가전, 가구, 가정용품 등을 층별로 구성하고 있다. 신세계, 롯데, 현대백화점 정도가 주력을 이루고 있다. 그리고 이마트, 홈플러스, 롯데마트, 즉 3개 회사로 대표되는 대형마트가 있다. 또한 코스트코, 이마트 트레이더스 같은 창고형 마트도 자리매김하고 있다.

온라인 시장에 진입하기 위해서는 상품 상세설명, 대고객 응대 체제, 직접 고객 배송물류 시스템을 구축해둬야 한다. 대고객 접점이 매우 가까이에 있다. 개별 고객들의 응대에 발 빠르게 움직일 수 있는 요건들이 갖춰져야 한다. 이런 요소들이 준비되어 있을 때, 시장에 참여하는 것이 좋다. 그리고 오프라인 시장은 안정적인 물량 확보 및 유통사 물류센터로의 배송이 가능해야 한다. 오프라인 유통 매장에 진열할 수 있어야 하고, 매장의 전체 상품 구성과 조화를 이뤄야 한다. 오프라인 매장 현장에 내 브랜드 론칭이 가능한지 직접 눈으로 확인해야 한다.

나의 브랜드가 어느 유통 채널에 적합한지는 각 유통 채널의 대고객 전략 등을 살펴본 뒤 결정을 해야 할 것이다. 이 또한 온라인 MD, 오프라인 MD와 소통하면 더 제대로 된 조언을 들을 수 있을 것이다. 내 브랜드와 내 상품이 온라인, 오프라인 중 어디에 더 적합한지, 아니면 듀얼로 두 영역 모두 진출해도 무방할지는 MD와의 상담을 통해 고려해보는 것도 좋다.

직접 제조해서
판매하기

내 브랜드로 직접 제조해서 판매하면 마진을 내가 정할 수 있다. 남의 물건을 받아서 팔면 마진도 뻔하고 내가 독창적인 프로모션이나 각종 증정 행사 등을 진행하는 것에 한계가 있다. 상품 상세설명도 내가 주도적으로 만들어나가기 어렵다. 상품을 제공해주는 공급업자의 가이드를 최대한 따라가야 할 것이다. 그러나 내가 직접 제조해서 상품을 내놓는다면 이야기는 달라진다. 물론 그만큼 내가 책임지는 부분도 더 많아진다.

많은 것들 중 하나가 아닌 나만의 독창적인 의미와 가치를 상품에 부여할 수 있다. 내가 주장하는 특징을 불어넣을 수 있다. 철저히 차별화된 상품을 만들어낼 수 있다. 물론 쉬운 길은 아니다. 어디서부터 어디까지 관여하고 어떤 차별점을 만들어내야 할지 고민이 더 될 것이다. 그러나 그러한 고민, 염려들을 넘어선 뒤에 나오는 내 브랜드, 내 상품은 분명 나의 분신과 같은 존재가 되고, 더욱 떨리는 마음으로 유통 시장에 내놓게 될 것이다.

라운드 티셔츠 하나에도 내가 창작한 그림 그래픽을 집어넣으면 독창적인 제품이 된다. 미적 감각이 더해진 새로운 품목이 된다. 고객들도 당연히 새 상품으로 인정해준다. 철저히 차별화된 내 상품을 가질 수 있다. 물론 고객들의 반응을 끌어낼지 아닐지는 고객들에게 평가를 받아봐야 안다. 그리고 냉정한 평가 이후에 상품을 또 개발하고 개선하면서 점점 더 나아지는 상품으로 재탄생시키기도 한다.

휴대용 선풍기에 다른 제조사나 판매자들이 시도하지 않는 컬러로 옷을 입히면 사람들의 눈에 띌 것이다. 선풍기의 손잡이 부분에 그립감을 좋게 만들어주면 실제 사용하는 고객들의 만족도가 조금 올라갈 수도 있다. 새로운 상품, 고객들의 인기를 끄는 상품을 만들어내는 길은 무수히 많다. 그 많은 길들 중에서 내가 선택하고 내가 정해서 가는 길은 철저히 외롭고 힘들 수 있다. 그러나 고된 과정을 거친 뒤 나오는 상품은 내가 더 애정을 쏟고 더 잘 팔리게 고민할 것이 분명하다.

내 상품을 팔겠다고 마음먹는 순간, 내 브랜드를 갖겠다고 각오하는 순간 상품 제조의 영역은 당연히 눈에 들어온다. 새로운 세상이 열리는 것이다. 제조를 어떻게 해야 할까라는 걱정, 염려가 한둘이 아닐 것이다. 힘들다. 어렵다. 그러나 그 과정을 거치면 더 온라인 유통 판매자로서 레벨이 한 단계 높아지는 거라고 보면 맞다. 남의 물건 받아 파는 이들과 비교가 안 될 정도로 어렵고 고될 것이다. 그러나 정말 애착과 애정을 가지고 상품을 대하게 될 것은 확실하다. 그러니 직접 제조 영역에도 도전해볼 필요가 있다.

위탁받아 판매하기

위탁판매는 제조사나 상품 공급사가 배송, CS 고객 응대 등을 책임져주고 판매자가 오직 판매 활동에만 집중하는 방식이다. 각자 자신이 잘하는 영역에서 더 실력을 발휘해서 매출을 늘리자는 형태다. 그러므로 이러한 방식에 대한 이해가 우선 되어야 한다. 제조사, 상품 공급사와 온라인 셀러가 맡아서 챙길 영역이 어디부터 어디까지인지 잘 협의해서 판매 전에 정해둬야 한다. 그래야 크고 작은 혼선을 최소화할 수 있다. 손발을 잘 맞춰야 한다.

온라인 셀러 입장에서는 배송에 대한 고민, 고객 응대에 대한 고민을 들 수 있어서 각종 온라인 쇼핑몰의 MD 들을 최 일선에서 상대하면서 행사 상품 기획 및 매출, 이익 관리에 더 집중할 수 있다. 어떻게 하면 고객들이 더 많이 구매하게 만들지에 신경을 쓸 수 있다.

물론 위탁 판매의 단점도 존재한다. 다양한 위탁 판매자들이 있어서 종종 가격 충돌이 발생한다. 판매자 간에 가격 출혈 경쟁을 벌일 수도 있다. 다른 위탁 판매자들보다 내가 더 많이 팔겠다고 마진을 최소화하다 보면 정말 남는 것이 없는 지경까지 갈 수 있다. 물론 매입이 아니기에 판매 수량이 기대치에 못 미치더라도 직접적인 손실을 보지는 않는다. 그래도 어느 정도의 판매량을 책임져야 지속적인 거래 관계 유지가 가능하다. 상품 제조 및 공급사와의 관계 말이다.

또, 상품을 판매하고 난 이후에 해당 제품이 품절이 발생하는 경우도 종종 있다. 재고 관리를 온라인 셀러가 하는 것이 아니라 제조사나 상품공급사가 하다 보니, 잘 팔리는 상품보다 재고 처리가 시급한 상품 위주로 온라인 셀러에게 판매해달라고 요청하는 경우가 많다. 잘 팔리는 물건들은 받기 어렵고 안 팔리는 제품들 판매 처리에만 집중하다 보면 온라인 유통 시장에서 절대 매출을 늘리는 것이 어려울 때도 있다.

기껏 열심히 시장 개척해서 상품의 매출 볼륨을 키워놓으면 경쟁 관계에 있는 동일 제품을 위탁해서 파는 판매자가 마진 적게 먹고 낮은 가격으로 내놓으면 내 고생한 값이 남에게 흘러가는 일도 생긴다. 그럴 때는 위탁 말고 매입을 하든, 내가 직접 제조해야겠다는 생각도 든다. 위탁판매는 초보 온라인 판매자가 온라인 유통 시장 분위기에 적응하고 최소의 자금으로 온라인 셀러 데뷔할 때, 좋은 방식이다. 이렇게 차근차근 자리 잡고 난 이후에 여러 방식으로 온라인 셀러로 성장하면 되는 것이다.

매입해서
판매하기

매입해서 팔면 판매자의 마진을 늘릴 수 있다. 위탁으로 물건을 받아 팔면 내가 남길 수 있는 이유은 뻔하다. 너도, 나도 다 같이 팔기 때문에 많은 이익을 남기기는 어렵다. 그래서 위탁판매를 계속하다 보면 그다음 단계인 매입을 고려하게 된다. 당연한 순서다. 물론 잘 팔릴지 아닐지 모르는데 더 많은 마진을 남기겠다고 매입부터 먼저 하면 큰일 난다. 최대한 잘 팔릴만한 상품인지 아닌지 먼저 잘 살펴보고 결정해야 한다.

매입할 때는 먼저 시중에서 파는 판매가격을 시장 조사해야 한다. 매입해서 얼마를 남기고 팔지를 미리 계산해야 한다. 충분한 마진을 남길 수 있을 때, 매입 결정을 해야 한다. 이렇게 하나씩, 둘씩 점검해야 한다. 철저히 계산해서 위탁으로 판매할 때와 비교해서 더 낫다는 판단이 들 때 매입해야 한다. 아니라면 위탁으로 파는 것이 낫다. 항상 보수적으로 접근해야 한다. 위탁으로 수익을 10%

남기는데, 매입해서 30% 번다고 덜컥 매입하면 안 된다. 이자비용, 창고 보관비용 등을 고려해야 한다.

판매가 1만 원에 팔 것인데, 매입 가격이 2,000원이라면 진짜 최종 마진, 즉 수익이 얼마인지 철저히 계산해야 한다. 온라인 쇼핑몰에 입점해서 오픈마켓 수수료로 14%를 주고, 택배비를 2,500원 부담한다고 하면, 대략 3,900원을 비용을 계산해야 한다. 또한 일정 부분의 반품도 비용을 책정해둬야 하고 포장비용 등 추가로 감안해야 될 것들이 적지 않을 것이다. 다 고려한 뒤에 매입해서 팔지 말지 정해야 한다.

의외로 그냥 무턱대고 매입하는 온라인 셀러들이 많다. 잘 팔리는 브랜드, 상품이라고 덜컥 매입해서 판매하다가 나중에 계산해보면 마이너스 나는 경우도 부지기수다. 어떻게든 마진을 더 남기려고 매입해서 파는 것인데, 하다 보니 비용이 계속 더해져서 손실이 나는 것이다. 물론 누구나 손해 볼 작정하고 매입하지는 않을 것이다. 하다 보니 손해가 나는 거라고 본다. 그래서 더 보수적으로 계산하고 접근해야 할 것이다.

매입하는 건 쉽지만 안 팔리고 재고로 남으면 되레 위탁판매보다 못한 경우가 벌어진다. 그러므로 더욱 신중히 계산하고 확신이 들었을 때, 매입을 고려해야 한다. 그리고 그 제품을 평생 판매할 것이라는 마음으로 접근해야 한다. 그래야 매입을 위한 창고 공간도 마련하고 배송 체계도 갖추고 각종 부대 비용도 들일 수 있는 것이다. 위탁보다 고려할 사항이 많다는 것을 명심해야 한다. 그것들을 전부 감당하겠다는 각오가 생겼을 때, 매입해서 판매해야 할 것이다.

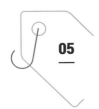

05 ― 내 브랜드, 내 상표로 판매

차별화된 상품을 팔기 위해서는 상품의 이름이 있어야 한다. 그 이름이 상표다. 흔히 브랜드라고 말한다. 브랜드 제품은 비브랜드 제품보다 비싸게 팔린다. 비싸도 고객들이 인정한다. 그래서 사람들이 브랜드, 브랜드 노래를 부른다. 그 브랜드를 샀을 때는 구매의 실패를 줄일 수 있기 때문이다. 물론 상품군에 따라서 브랜드 의존도가 높은 제품도 있고 덜한 품목도 있다. 어떤 상품군에서 어떤 브랜드를 취급하느냐에 따라 시장에서 영향력도 키울 수 있다.

보통 자본은 있지만, 시장에서의 영향력이 적은 이들이 브랜드를 선택한다. 그러면 그 브랜드가 가진 힘을 단기간에 확보할 수 있기 때문이다. 무슨 브랜드를 취급하는 판매자. 이렇게 말하면 다른 이들과 거래할 때에도 더 힘을 받을 수 있기 때문이다. 물론 브랜드 제품을 취급하기도 쉽지 않다. 거래를 위한 여러 가지 조건들이 필요할 것이다. 그 조건들을 충족하고 감당할지를 선택해야 한다.

물론 브랜드 제품을 취급해서 큰 이익률을 기대하기는 어렵다. 브랜드 제품을 소유한 이들은 광고 홍보비용 등 여러 추가 지출이 있다. 그리고 브랜드 가치를 유지하기 위해 더 오랜 기간 공을 들였다. 그러므로 쉽게 마진율을 양보해주려 하지 않는다. 자기 나름의 이익률을 다 정해놓고 다수의 판매자에게 요구한다. 그래서 브랜드를 취급하려는 셀러들은 그 브랜드를 취급해서 판매할 때, 어떤 유무형이 이익이 있는지 따져봐야 한다. 시장에서 빨리 자리매김할 수 있는 이점이 있지만, 이익만 봤을 때는 고민스러울 수도 있다. 고려해야 하는 부분이다.

브랜드 상품을 취급하는 이들은 나중에는 자기만의 브랜드를 만들 생각이 있다. 그래서 이미 유명한 브랜드 상품을 취급하면서 자신의 브랜드를 어떻게 구축할지 고민한다. 유명 브랜드 상품들의 특징, 장점, 판매 추이를 보며 배워서, 자기 브랜드를 만드는 데 써먹는다. 자기 브랜드가 장기적으로 자신의 힘이다. 남의 브랜드는 언제까지나 남의 것이니, 내 것이 아니다. 그것을 알기 때문에 셀러들이 나중에 자기 상품, 자기 브랜드를 가지려 한다. 선점하고 있는 브랜드들의 가격, 스토리, 가치와 조금 다르지만 틈새를 공략하는 자기 브랜드를 구축하려고 애쓴다.

우선은 어떤 이름으로 할지를 정하는 것이 첫 번째이다. 상표를 어떻게 정하면 좋을지는 부지런히 공부해야 하겠다. 그리고 이미 등록되어 있는지 여부는 수시로 확인해야 한다. 그래야 헛일이 되는 것을 방지할 수 있다. 내가 만들려는 상표가 이미 다른 누군가가 상표 등록을 해 놓았다면 헛수고하지 말아야 한다. 키프리스(www.kipris.or.kr)라는 사이트가 있다. 거기에 들어가서 상표 명칭을 처서 등록되어 있는지를 본다. 그리고 자기 브랜드를 상표로 만들어서 판매한다. 이렇게 자기 브랜드 상품을 내놓는 것이 좋겠다.

내 브랜드, 내 상표
가치 만들기

브랜드나 상표는 사람들에게 설명을 상세히 할 필요가 없다. 평소에 사람들에게 잘 알려져 있어서 그 브랜드, 상표만 보여도 인정받는다. 물론 잘 알려진 브랜드, 상표에 한해서다. 우리가 흔히 말하는 브랜드는 잘 알려져 있다는 의미가 이미 담겨져 있다. 나이키나 샤넬처럼 유명하고 가격이 비싸다. 그런 유명 브랜드처럼 내 브랜드를 만들기란 쉽지 않다. 그러나 브랜드를 구축 해놓고 잘 알려 놓으면 구구절절한 설명 없이 곧바로 고객과 소통할 수 있다.

물론 그러한 나만의 브랜드를 만들기 위해서는 엄청난 노력과 정성이 필요하다. 쉬운 일이 아니다. 그래도 나의 브랜드, 상표는 새로운 경험이고 기회가 된다. 사람들에게 불리기 쉬운 단어가 브랜드가 되면 좋다. 쉽게 불린다는 것은 사람들의 입에 오르내리기 쉽다는 것이고 친숙해질 수 있다는 의미다. 사람도 친숙해지면 좋게 보이는 것처럼 브랜드도 마찬가지다. 발음하기 쉬운 단어나 표현, 그리고 로고라면 더 제대로 자리매김할 수 있을 것이다.

그리고 스토리가 들어가 있으면 좋다. 이 브랜드가 어떻게 탄생했는지 궁금해할 수 있다. 사람들은 스토리, 서사에 대한 관심이 많다. 이왕이면 우여곡절을 겪은 드라마 같은 내용을 선호한다. 그런 이야기가 담겨 있다면 더욱 흥미를 끌 거 같다. 내 스토리가 아니라면 다른 누군가의 스토리를 차용하는 것도 고려해보는 것이 좋겠다. 소설, 드라마, 영화의 스토리에 관심을 가지고 계속 보면서 나의 스토리를 만들어보는 것이 좋겠다. 나의 스토리를 브랜드, 상표에 담아낸다면 더 의미가 있을 것 같다.

처음에는 기존의 브랜드보다 더 높은 가치와 이미지를 갖추기는 어렵다. 초기에는 기존 브랜드보다 가격이 싸거나, 더 실용적인, 효용 가치가 뛰어남을 보여줘야 한다. 간단명료하게 의미와 지향하는 가치를 정리해서 내보이는데, 어떻게 알릴지에 대한 고민도 하는 것이 필요하다.

초기에는 이미 자리 잡은 브랜드 옆에서 그 브랜드의 힘을 이용하는 것도 필요하다. 예전에 쿠팡이 잘 알려지지 않았을 때, 대형마트 1위인 이마트를 저격하는 기사를 많이 냈다. 당시에는 온라인 채널의 힘이 약했고, 사람들에게는 오프라인 대형마트 1위인 이마트의 인지도가 높았다. 그래서 쿠팡은 이마트를 때리면서 자기 브랜드 인지도를 높였다. 이처럼 아직 힘이 약할 때는 힘이 센 강자에게 덤벼서 자신의 인지도를 높이는 것도 방법일 듯하다.

내 상품 만들어 판매

내 상품을 파는 것이 좋다. 남에게 물건을 받아서 팔면 판매 마진도 뻔하고 남들과 다를 수 없다. 네이버든 어디에서든 상품 검색하면 무수히 많은 셀러들이 내놓은 똑같거나 비슷한 상품들, 판매가격도 조금 높고 낮은 정도라면 고객의 눈에 띄기 어렵다. 그저 안보이고 묻힐 것이다. 우연히 누가 내 물건 사준다고 해서 다음 번에 또 구매할 거라는 장담도 못한다. 이는 다름 아닌 비슷하거나 똑같은 상품을 팔기 때문이다.

그런데 나의 상품을 팔면 이야기가 달라진다. 나의 상품에는 내가 말하는 특징이 있다. 철저히 차별화될 수 있는 제품이 된다. 다른 제품과 비슷한 제품이라도 내가 나의 가치, 의미를 부여하면 내 상품이 될 수 있다. 쉬운 예로 라운드 티셔츠가 있다. 거기에 내가 창작한 그림을 집어넣으면 독창적인 제품이 된다. 전혀 다른 상품이 된다. 미적 감각이 더해진 새로운 품목이다. 이렇게 내 상품을 만들 수 있다.

기능으로도 접근할 수 있다. 휴대용 선풍기인데 접는 기능이 더해지면 이는 또 획기적인 상품이 된다. 그리고 미니 휴대용 선풍기인데 그 선풍기에 컬러가 가미되면 또 다른 상품이 될 수 있다. 흔한 색이 아니라 여러 가지 색을 더해서 다른 느낌의 색을 만들어내면 그 또한 새로운 제품이 된다. 이렇듯 새로운 제품을 만들 수 있는 길은 차고 넘친다. 어떤 길을 선택하느냐는 나에게 달려 있다.

나만의 상품은 고객에게 잘 알려질 수 있는 제품이어야 한다. 첫 걸음은 눈에 띄일 새로운 상품이어야 한다. 고객이 새로운 가치와 의미를 인정해 수 있는 상품이어야 한다. 약간 변형만 해서는 사람들 눈에 보이지 않을 수 있다. 그래서 완전 임팩트가 있어야 한다. 물론 이렇게 말처럼 쉽지 않다. 그래도 도전해본다. 그런 마음이 있어야 하지 않겠는가?

내 상품을 팔겠다고 마음먹는 순간 제조의 영역에 내 눈에 들어오게 된다. 새로운 세상이 열리는 것이다. 제조를 어떻게 해야 할지 또 고민하고 생각하면 할 것이 한두 가지가 아니다. 분명 남의 물건을 받아서 파는 것보다 몇 배, 수십 배 더 힘들 수 있다. 그러나 자식을 키우는 마음과 비슷할 것이다. 정말 애정과 애착이 생기고 오래오래 지켜보고 키워나가는 마음이 생길 것이다. 그래서 더 흥미 있고 매력 넘치는 일이라고도 볼 수 있다.

06 다양한 온라인 행사의 종류

온라인에서 프로모션은 오프라인에 비해 더 다양하게 진행할 수 있다. 오프라인에서는 1+1이나 가격 할인 정도가 대부분이다. 물론 추가 증정품을 제품에 테이핑해서 부착한 뒤, 고객이 알아서 가져가게 만든다. 그에 비해 온라인은 어떤 행사를 진행하느냐 하는 아이디어의 문제일 뿐, 훨씬 많은 행사 프로모션 종류를 기획할 수 있다.

단순 가격 인하에서부터 추가 증정, 추첨 행사, 신상품 럭키 박스 형태로 제공 등 다양하다. 온라인은 더 고객들이 짧은 순간에 구매를 결정하게 만들어야 하고 구매 후기를 좋게 작성해야 그 후기를 보고 꼬리에 꼬리를 물듯이 더 많은 고객이 몰려든다. 그런 특징을 잘 활용한 프로모션을 기획하면 좋다.

물론 각종 행사 진행에 앞서 개인 정보 수집에 대한 부분을 민감하게 생각해야 한다. 기구매 고객이라고, 판매처가 임의로 고객들의 핸드폰 번호를 이용해서 구매 유도 문자 메시지를 보내면 큰일 난다. 기구매 고객들에게만 할인을 추가해준다는 식으로 보내면 그 고객들에게는 이득이기에 문제가 안 된다고 생각할 수 있다. 그러나 개인정보보호법에 위배되므로 절대로 이렇게 행사를 진행해서는 안 된다.

고객정보보호법을 잘 준수하는 범위 아래에서 추첨 행사나 증정 행사를 진행하고, 적법한 대행사를 통해서 SMS나 카톡으로 각종 모바일 상품권 전달해야 문제가 안 생긴다. 고객들은 증정 행사나 추첨 행사에 더 빨리 반응한다. 그러므로 게임 같은 재미를 가미한 프로모션을 만들면 좋다. 최근에는 룰렛을 돌려서 10% 할인, 20% 할인, 30% 할인 쿠폰을 받는 형태도 있다. 어떻게 구현해야 할지는 온라인 쇼핑몰과 의논해야 할 부분이지만, 확실한 건 구매 혜택과 더불어 흥미도 유발해야 한다는 것이다.

3만 원 이상 구매 고객 10명 추첨해서 스타벅스 아메리카노 증정 같은 행사는 고객들의 구매 객단가를 높이기 위한 행사다. 골라 담아 10개 구매 시 사은품 증정 같은 형태의 프로모션은 다양한 상품을 고객들이 구매하게 유도하는 방식이다. 어떤 의도를 담았느냐에 따라, 프로모션의 방식은 더 변화를 줄 수 있다.

구매하고 난 뒤 구매 후기를 기재해주는 고객 대상으로 100명 추첨해서 자기 브랜드의 신제품을 증정품으로 보내주는 경우도 있다. 고객들의 구매 참여를 유도하고, 고객들이 해당 제품, 브랜드에 대해 좋은 구전 효과를 전파하게 만든다. 5+1 / 10+3 이런 행사를 기획해서 1개 샀을 때는 1,900원으로 가격이 저렴한데, 더 사면 추가로 더 받을 수 있어 결국에는 10개 이상 구매하게 만드는 형태의 프로모션도 있다. 무엇이 되었건 간에 고객에게 실질적인 혜택이 더 제공되는 프로모션이어야 고객의 구매로 연결될 것이다.

숏폼처럼 강렬한 행사

요즘 사람들은 숏폼에 완전히 빠져 산다. 15~60초의 매우 짧은 영상에 매혹된다. 귀신에 씐 거처럼 빠져든다. 잠깐 보려 했는데 1, 2시간이 훌쩍 지나갔다고 말한다. 이런 숏폼처럼 고객들을 강하고 빠르게 중독시켜야 한다. 그래야 온라인 유통 시장에서 잘 자리 잡을 수 있다. 숏폼 같은 브랜드로 고객의 뇌리에 박히면 최고다. 짧고 강렬한 것이 고객들에게 잘 먹힌다. 그러니 온라인 유통에서 브랜드들이 행사할 때도 숏폼처럼 하면 좋다.

숏폼에 고객들은 즉각적인 반응을 한다. 숏폼처럼 온라인 유통 시장에서 행사 할 때, 그 제품 이미지만 봐도 고객들이 클릭하고 들어가서 장바구니에 담게 만들어야 한다. 그 정도로 강력한 포지셔닝이 된다면 고 매출 브랜드 자리는 떼 놓은 당상이다.

숏폼은 대세다. 유튜브는 '쇼츠'를 선보였고 인스타그램은 '릴스'를 내놓았다. 국내 SNS 업체들도 계속 짧은 형태의 영상으로 사람들에게 다가가고 있다. 쇼츠는 출시 1년 만에 무려 150억 뷰를 기록했다. 그만큼 숏폼에 대한 반응이 뜨겁다는 것이다. 물론 경쟁이 심해지면서 더 자극적이고 더 강한 것들을 내놓으려 한다. 부작용도 있을 것이다. 그래도 대세이기에 무시할 수 없다.

오죽하면 중국에서 틱톡의 숏폼 시청 시간을 1시간 이내로 제한하겠다고 할까 싶다. 그만큼 강렬한 방식은 온라인 유통에서 활동하는 브랜드들은 눈여겨보고 있다가 내 상품에 어떤 식으로 도입할지 고민하고 적용해야 한다. 요새 유튜브에서 짧게 코미디 스토리를 보는 이들이 많다. 온라인 시장에서 내 상품을 팔 때도 숏폼 형태의 동영상으로 올리면 사람들이 더 관심 두지 않겠는가. 이런 것을 그냥 지나쳐서는 안 된다. 활용하고 또, 살피고 내게 도움이 되게 해야 한다.

물론 숏폼 형태의 온라인 쇼핑이 확산되면 고객들이 과소비할 수 있고 자제하려는 움직임이 생길 수도 있다. 그러므로 정말 가성비 넘치고 고객들에게 알뜰 쇼핑할 수 있는 팁도 상품 상세설명을 통해서 같이 제공되는 것이 좋겠다. 그래야 갑자기 충동 구매했다고 후회하는 일이 없지 않겠는가. 끌리게 만들고 유혹하는 건 당연히 해야 하는 일이지만, 고객들이 사고 난 뒤에 개운한 마음이 들어야 한다. '잘 못 샀다. 너무 충동적이었다'라고 느끼면 당장에는 이득인 거 같지만 지나고 보면 중장기적인 고객 유치가 어려울 수 있다. 이러한 부분은 유의하며 접근해야 하겠다.

07 고객들을 즐겁게 만드는 행사

온라인 유통에서 행사는 매우 다양하다. 온라인은 오프라인에 비해 매우 다양한 행사 진행이 가능하다. 각종 증정 행사도 더 쉽게 구현할 수 있다. 오프라인은 고객 개인정보 동의, 개인 정보 수집 및 파기 등의 여러 이슈가 있어 각종 행사 후 증정품 전달하는 것도 수고스럽다. 그에 비하면 온라인은 자유자재로 운영할 수 있고 고객들의 피드백도 더 많이 받을 수 있다.

통상적인 축산 상품에서 1kg, 600g에 만 원, 1만 5,000원에 파는 것이 일반적이다. 다들 이렇게 팔고 있어서 이것이 맞다고 생각한다. 그런데 어느 판매자가 변칙적으로 온라인 유통 채널에서 행사 가격을 책정했다. 1kg에 2만 원이면, 100g에 2,000원 꼴인데, 그보다 비싸게 100g에 2,900원에 가격을 정했다. 대신에 여러 부위를 골라 담아서 고객이 구매하게 행사를 기획했다. 이 축산 수입 소고기 행사는 대박이 났다. 이런 형태의 행사가 없었기 때문이다. 축산 고기를 부위별로 조금씩 맛본다는 것이 쉬운 일이 아닌데, 온라인 유통에서 그것을 경험하니, 고객들은 새로웠던 것이다.

떡볶이 1인분에 2,000원인데, 5개 사면 1개 더 주고, 10개 사면 추가로 3개를 더 주는 행사도 있다. 1개당 가격은 싸지만, 여러 개를 담아서 고객이 최소 2만 원 넘게 사게 만드는 행사다. 이 또한 아주 평범한 행사는 아니다. 그러나 이렇게 고객들이 단순히 구매하는 것으로 끝내는 것이 아니라, 머리를 굴리고 계산하게 만들면 고객들이 신나게 반응한다. 증정품의 종류를 다양하게 하면 고객들은 이리저리 더 따져 보고 더 살피면서 쇼핑의 즐거움을 느낀다.

현재 판매가격에서 즉시 할인으로 10%를 할인 해주고 3만 원 이상 사면 추가로 10%를 할인해준다. 이러면 사람들이 어떻게든 온라인 쇼핑 장바구니에 3만 원 이상 담으려고 여러 가지 경우의 수를 생각한다. 장바구니에 상품을 담았다, 뺐다를 하면서 구매금액을 계산한다. 이런 즐거움도 고객들은 좋아한다. 그러므로 밋밋하게 30%, 50% 할인하는 것보다 마치 게임을 하듯이 계산하고, 퍼즐 맞추기로 하는 것도 제공해주면 흥밋거리가 된다.

행사 하나를 해도 고객의 관점에서 재미, 즐거움, 흥미를 제공해주면, 온라인 유통 시장에서 충분히 인기를 끌 수 있다. 남들이 시도하지 않는 방식으로 접근하면 행사의 종류는 더 다양해질 것이다. 이왕이면 내 브랜드와 전혀 상관없는 카테고리에서 하는 행사를 잘 살펴보고 흉내 내면 좋다. 가전제품의 6개월, 12개월 할부를 도입해서 고객들의 마음을 흔드는 상품도 분명 있을 것이다. 잘 구상하고 상품, 브랜드에 맞게 적용하면 말이다.

새로운 시장을
만드는 행사

욕실용품이 포화인 시장에서 한때, 반신욕 욕실용품이 인기를 끌었다. 몸을 반만 담그고 목욕하는 형태였다. 그냥 욕실용품이 아니라 반신욕을 하는 데 쓰이는 각종 용품이었다. 그 당시에는 욕실용품 보다 도리어, 반신욕 욕실용품을 더 사람들이 알아주었다. 이처럼 새로운 틈새 시장을 키우고 시장 규모를 만들어서 뛰어든다면 새로이 진입하는 브랜드들에도 충분히 승산이 있다.

미용실이 아니라, 아동 전용 미용실도 있다. 아이들을 대상으로 한 특화된 미용실이다. 아무래도 아동들의 취향에 맞는 인테리어가 되어 있을 것이고, 아이들이 가고 싶어 하는 공간이 될 것이다. 아이를 둔 부모는 여행을 갈 때도 키즈 캐릭터로 꾸며진 객실이 요금이 더 비싸도 선택할 가능성이 크다. 그리고 그냥 호텔에 숙박하는 것이 아니라, 아동들을 타깃으로 한 키즈 카페와 동물 먹이 주기, 키즈 객실, 키즈 프로그램을 묶은 여행 상품은 일반 여행 상품 제품보다 더 인기가 있을 것이다. 이미 새로운 시장이 생긴 것이다.

최근에는 애견, 애묘를 기르는 1인 가구들이 많다. 그들을 대상으로 한 여행 패키지도 많이 나오고 있다. 이렇듯이 온라인 유통에서 특화된 트렌드에 관심을 가져야 한다. 이렇게 새로운 틈새를 공략한 시장을 만들려는 노력은 분명 내 브랜드의 가치와 매출에 도움이 된다. 내 브랜드가 만든 시장에서 내 브랜드가 당연히 가장 먼저 떠오를 것이다. 깃발을 먼저 꽂은 브랜드가 선점하는 건 당연한 일이다.

새 시장에서 가장 먼저 떠오르는 브랜드, 상품은 더 인기를 끌 가능성이 크다. 이 최우선으로 고객에게 보일 것이다. 브랜드와 상품이 새로운 시장과 같이 고객들에게 선보인다면 고객들은 신선한 만족을 느낄 수 있다. 온라인만이 전달해줄 수 있는 강점이 많다. 그 강점을 잘 헤아리고 활용해서 브랜드를 알리는 데 이용하면, 이득이 된다. 이제 온라인 시장에서 노인들도 더 이상 소외된 존재가 아니다. 그들을 더 적극적으로 유치하려는 분위기다.

온라인 시장에서 뉴 시니어라는 트렌드를 계속 띄우고 있다. 노인이라는 이름보다 시니어 고객이라는 표현으로 건강식품을 어필하고, 다양한 활동을 하라고 권유한다. 이러한 새 시장 개척에 발빠르게 움직이는 브랜드가 온라인 유통 시장에서 두각을 나타내는 건 당연한 일이다. 새 시장을 만들고 틈새를 공략하고 먼저 선점하는 등의 노력을 하면 고객들이 관심을 보이게 되어 있다. 발 빠르게 움직여야 하겠다.

나만의 행사 방식
정하기

온라인 유통 시장에서 잘 통할 나의 행사 방식을 갖추는 것이 좋다. 남들이 따라서 오지 못할 기발한 방식의 행사를 적용하면 밋밋한 일반 행사를 하는 다른 브랜드에 비해 내 브랜드, 내 상품이 고객들의 관심을 끌 수 있다. 또한 실제 매출도 늘어날 것이다. 요즘은 고객들에게 다양한 즐거움과 흥밋거리를 제공해주어야 사람들이 관심을 보이고 또 구매도 한다. 그러므로 나만의 행사 방식이 필요하다.

축산 상품군에서는 400g, 600g 등 어느 정도 중량으로 통상 판매한다. 그런데 고객들은 아주 소 단량으로 다양한 부위의 축산 고기를 맛보고 싶어 하는 수요도 있다. 100g 단위로 포장을 해서 고객들에게 제공하는 행사를 한다면 충분히 새로운 방식의 행사가 될 수 있다. 기존과 다른 방식으로 비틀어서 고객들에게 선보이면 고객들은 놀라고 신기해할 수 있다.

김치를 1kg, 2kg, 5kg, 10kg 단위로 판매하는데, 이를 30kg, 50kg도 대용량으로 판매하면서 kg 단위당 가격이 20%, 30% 저렴하다면, 이 또한 대용량 제품을 구매하는 고객에게는 어필할 수 있다. 온라인 구매 고객이 꼭 소량으로 1, 2, 4인 가족만 있다고 생각하는 것도 편견일 수 있다. 꼭 식자재 구매 고객, 장사하는 고객들이 아니어도, 대용량 구매 수요가 있을 수 있다.

단순히 가격만 싸서는 곤란하다. 가격 측면의 혜택도 주면서 가격 외적인 부분도 고객들에게 어필해야 한다. 상품 자체 보다 그 상품을 구매하면서 고객들이 어떤 라이프스타일을 추구하는지도 알 필요가 있다. 어떻게 하면 내 상품을 고객들에게 브랜드로 각인시킬지를 고민해야 한다. 다른 브랜드, 다른 상품과 비슷해 보이는 내 상품, 내 브랜드에 새로운 의미를 덧입히고 새로운 행사로 고객들에게 다가가야 한다. 그럴 때, 고객들이 새로운 만족, 새로운 체험을 할 수 있다.

제품의 품질, 가성비를 우선시하는 시대에 차별화된 다름을 내보일 수 있는 행사를 추구해야 한다. 그럴 때, 고객들이 열광하는 내 브랜드, 내 상품의 행사가 될 것이다. 고객들의 숨은 욕구를 찾아서 끄집어내는 그런 행사를 만들어낸다면 고객들이 알아주고, 또 고객들이 내 브랜드, 내 상품을 알아서 찾아오게 될 것이다. 그러므로 나만의 행사를 기획하는 브랜드, 셀러가 되어야겠다.

건전지 20개 4,900원,
온라인에서도 건전지를 판다

AA 건전지, AAA 건전지 20개 행사라고 하면 무슨 건전지를 온라인에서 팔아서 매출을 내나, 이렇게 생각하는 이들이 있을 수 있다. 그런데 생각보다 건전지 수요는 엄청나다. TV 리모컨에 들어가는 건전지, 어린아이들 장난감에 들어가는 건전지, 소형 가전제품에 들어가는 건전지 등등 용도는 다양하다. 그래서 보통 집마다 AA 건전지, AAA 건전지를 수십 개 보관해놓고 건전지가 닳으면 교체하는 경우가 다반사다. 그래서 건전지 행사도 매출을 올리기에 유용하다.

편의점에 가서 AA 건전지 4개 사도 2,000원에서 3,000원 정도 한다. 물론 에너자이저 등 브랜드 건전지다. 그런데 오프라인 매장에 가서 다양한 가격대의 건전지를 찾기는 쉽지 않다. 또 왠지 수십 개를 살려고 하면, 가격 부담도 느껴진다. 그런데 AA 또는 AAA 사이즈 건전지 20개, 40개를 5,000원 미만, 1만 원 미만으로 행사하면, 사람들이 개당 가격이 200원, 300원 이내이므로 충분히 쇼핑할 만하다. 그래서 건전지도 온라인 유통 시장에서 잘 팔리는 제품군 중 하나다.

이처럼 반복 재구매하는 틈새 상품을 묶음으로써 행사 상품으로 내놓는 경우도 온라인 유통에서는 유용한 행사가 되기도 한다. 매우 뻔해 보이고 당연해 보이는 상품도 낱개로 구매하는 고객의 수요를 약간 변형해 잘 팔리는 행사 상품으로 만들어낼 수 있음을 보여준다.

온라인에서
무조건 성공하는
실전 플랜

베스트 100 찾아보기

    앞서 트렌드에 잘 맞는 상품을 만들기 위해 '베스트 100'을 찾아 보는 것을 언급했다. 성공 실전 플랜으로 다시 한번 강조하겠다. 네 이버쇼핑 베스트 항목에서 카테고리별 베스트, 지금 현재 잘 팔리 고 있는 주요 상품의 베스트 등을 확인한다. 맨 아래로 내려보면 주 요 이커머스 플랫폼 이름이 나온다. 하나하나 클릭해서 G마켓, 옥 션, 11번가 등의 베스트를 각각 확인도 가능하다. 조금만 신경 써 서 살펴보면 많은 정보를 얻을 수 있다. 이 중에서 플랫폼별 베스트 100, 상품군별 베스트 100을 우선 보는 것이 좋겠다.

    주요 온라인 쇼핑몰의 베스트 100도 꾸준히 관찰한다. 쿠팡, 위 메프, 11번가 등 주요 플랫폼의 베스트 100을 매일 시간을 정해놓 고 살펴보면 도움이 된다. 물론 처음에는 보면 잘 안 보일 수 있다. 매일 일정한 시간을 들여서 계속 지켜보면 자기만의 안목이 생긴 다. 대체로 많이 보이는 상품은 지금 대세 상품이라고 보면 무방하 다. 네이버 쇼핑의 주요 상품 베스트와 이커머스 플랫폼의 베스트가 같은지, 다른지도 살펴본다. 이렇게 지속적으로 들여다보면 분명 자기만의 생각이 자리 잡힐 것이다.

베스트 100을 꾸준히 보다 보면 조금씩 새로운 제품이 눈에 띌 수 있다. 그 제품이 어떻게 움직이는지를 관찰한다. 우연히 뜬 품목인지 아니면 시즌성 상품으로 초기에 나타난 품목인지도 살펴본다. 잠시 잠깐 떴다가 사라지는 품목보다는 꾸준히 계속 보이는 상품이 시장을 선도해나가는 품목일 가능성이 크다. 그런 것을 파악할 수 있는 관찰력이 생기면, 내가 어느 상품군에 집중하면 좋을지도 판단할 근거가 된다.

그 대세 상품과 내가 팔려는 상품이 얼마나 연관되어 있는지를 생각해보면 도움이 된다. 내가 팔려는 상품이 베스트에 잘 띄지 않는다면 팔려는 상품군을 바꿔야 하느냐는 고민도 할 수 있다. 당연한 이야기다. 얼마나 오래갈 것이고, 내가 팔려는 상품에 대한 애착이 있느냐에 따라 결정할 수 있을 것이다. 그런데도 잘 팔리는 상품군인지 아닌지는 고려해봐야 한다. 그래야 매출이 잘 나올지 아닐지를 판단할 수 있기 때문이다.

베스트 100을 꾸준히 지속적으로 관찰하고 체크 포인트를 삼는다. 그러다 보면 남들보다 더 빨리 움직여서 잘 팔리는 상품군을 취급하고 또, 파는 기회를 잡을지도 모른다. 물론 그 또한 계속 지켜보고, 그 제품과 관련된 제품을 매입하거나 취급할 수 있는 능력이 되어야 팔 기회를 가질 수 있다. 온라인 셀러로 데뷔하고 사업을 잘 유지하기 위해 베스트 100을 매일 보고 점검하는 건, 꼭 필요한 활동이다. 그래야 이커머스 시장에 오래오래 자리매김할 수 있다.

고객의 입장에서
접근하기

온라인 판매자로 일을 하지만 판매자로만 사는 건 아니다. 판매자는 자신이 취급하는 품목은 파는 입장이지만, 다른 품목은 소비하고 구매하는 구매자가 되기도 한다. 판매자이면서 구매자라는 이야기다. 이런 입장을 잘 활용하는 것이 온라인 셀러로 자리매김하는 데에 도움이 될 수 있다. 내가 만약 구매자라면 어떻게 반응할지를 생각해본다.

내가 제품을 구매하는 고객이라고 생각하고 접근한다. 자주 사용하는 제품으로 온라인에서 구매해본다. 어느 이커머스 플랫폼을 선택할지, 얼마에 살지 등을 고민해서 구매 결정한다. 어떤 상세페이지, 어떤 판매처의 상품을 사는지를 스스로 살펴본다. 해당 상품의 구매과정을 쭉 경험해본다. 그러다 보면, 고객의 입장에서 아쉬운 부분, 더 보강되면 좋을 부분들이 보일 수 있다. 상품을 검색하고 구매하는 과정을 여러 차례 체험하면, 고객의 시선으로 바라본 상품 시장을 알아갈 수 있을 것이다.

판매자가 구성해놓은 제품명, 제품 구성, 판매가와 고객이 생각하는 바가 얼마나 일치하는지, 아니면 얼마나 차이가 있는지가 파악되면 도움이 된다. 요즘처럼 물가가 급등하는 시기에는 행사가격이 매우 중요하다. 얼마나 싼지, 가장 잘 팔리는 상품과 내가 팔려는 상품의 행사가격이 얼마나 차이 나는지 파악하면 도움이 된다.

경쟁사의 제품이 온라인상에서 상세설명이 어떤지도 본다. 어떤 설명이 고객들에게 잘 어필하는지도 본다. 여러 가지 요인들이 필요함을 알 수 있다. 세밀하게, 디테일하게 챙겨야 할 것들이 적지 않음을 알 것이다. 그런 것들을 하나둘씩 챙겨나가면 해당 상품 시장에서 자리매김을 잘하는 온라인 셀러가 될 것이다. 그리고 잘 팔리는 상품을 기획하는 판매자도 될 수 있다. 나보다 잘하고 있는 경쟁자들의 모습을 잘 살피면 벤치마킹할 여지가 생길 수 있다.

내가 할 수 있나, 없나를 확인하는 측면도 있겠지만 고객의 입장에서 바라본다면 내가 파는 상품을 얼마나 제대로 준비해서 내보이고 있는지도 평가할 수 있다. 고객이라고 항상 옳은 것은 아니겠지만 판매자 입장이 아닌 반대편의 입장에서 내다보면 나의 부족한 점을 잘 살필 수 있다. 경쟁사 제품의 구매 후기를 살펴보는 것도 도움이 될 것이다. 고객들이 상품에 대해 무엇을 불편해하고 무엇에 만족해하는지도 엿볼 수 있다. 그런 것들이 내가 더 잘 정착하는 데에 이득이 된다.

02 모르면 가만히 있어라

잘해보려고 발버둥치다가 늪으로 더 빠지는 경우가 많다. 조급해하며 무언가를 빨리 만들겠다고 서두르다가 상황이 더 꼬일 수 있다. 잘 모르면 가만히 있으면서 주변을 둘러보는 것이 낫다. 공무원들이 복지부동하는 것이 다 이유가 있다. 잦은 변화, 갑작스러운 책임 떠넘기기 등 혼란이 많아서 함부로 움직이지 않고 가만히 있는 것이다. 잘 모를 때는 상황 파악이 먼저다. 잘 모른다고 생각되면 가만히 있어야 한다. 괜히 설치다가 스스로 몰락하고 망가진다. 조용히 살피며 상황을 두고 본다.

사방에 전부 적뿐이다. 모두 남들을 뜯어먹고, 자기들만 살려고 발버둥친다. 그런 살벌한 세상에서 괜히 호구가 되지 않으려면 함부로 움직이지 말아야 한다. 나만 모르고 남들이 다 아는 시장에서는 내가 호구다. 온라인 유통에서도 남을 등쳐먹는 사기꾼들이 많다. 잘 모르는 것을 약점 삼아 자기들 돈벌이에 이용한다. 그것을 모르는 이들이 대거 그들에게 넘어간다. 당하는 이들은 수십 년간 인생이 망가져서 회복하지 못하고 힘들게 산다. 그러므로 항상 조심해야 한다.

자신이 진출하는 상품의 시장에 대한 공부가 필요하다. 그 분야의 세상이 어떻게 흘러가는지 알아야 한다. 어떻게 흘러가는지를 알아야 뭐든 할 수 있다. 모르면 관련 업계의 정보를 수집해야 한다. 내게 필요한 정보를 파악해야 한다. 그리고 그 정보들을 어떻게 활용할지도 고민한다. 지속적으로 관찰해서 내게 도움이 되게 만든다. 모르면서 알 때까지 기다린다. 지금은 상황이 매우 안 좋다. 지켜보는 것이 먼저다.

차근차근 배워서 실력을 갖춰야 한다. 철저히 노력을 더 해야 한다. 함부로 꿈과 환상에 빠지면 큰일이다. 함부로 뛰어들었다가 몰락하는 이들이 한둘이 아니다. 사는 건 치열하다. 절대 그냥 되는 것은 없다. 착각하면 안 된다. 국뽕에 미치고 막연한 희망과 기대를 품으면 쉽게 무너진다. 길거리를 다녀봐라. 많은 가게가 비어 있고 난리다. 극단적인 선택을 해야 할지도 모를 정도다. 그러므로 신중히 움직여야 한다.

사람 사는 것은 다 견디는 것이다. 쉬운 거 없다. 젊어서 성공하는 것이 되레 재앙이 될 수 있다. 운 좋게 수월하게 자리매김하면 감사하며 조용히 지내야 한다. 겸손해야 한다. 그래야 안전해질 수 있다. 돈 벌었다, 장사 잘된다는 말이 밖으로 나돌면 파리가 꼬일 가능성이 크다. 단단해지기 전에 사방에 적이 많아지면 위협이 되고, 곤경에 처할 수 있다. 탄탄해지지 않은 성은 적의 공격으로 금세 무너질 수도 있다. 경계해야 한다.

인내심을 가지고
오래 관찰하기

사냥할 때, 최선을 다해야 한다. 모든 것을 쏟아부어야 한다. 그래야 원하는 것을 가질 수 있다. 그런데 이렇게 달리기 전에 지루하게 오래 기다려야 한다. 인내심을 가지고 오랫동안 지켜볼 수 있어야 한다. 사냥은 찰나의 순간에 일어나는 것이고 그전에는 대부분이 정말 무료한 긴 시간이다. 세상에 그냥 되는 것은 없다. 정말 오래오래 기다려야 한다. 사냥할 시간이 오기 전의 시간을 견디는 힘이 필요하다. 사냥할 때는 얼마나 빨리 움직이느냐가 관건이다. 누가 더 빨리 정보를 캐치하느냐가 매우 중요하다. 그러려면 잘 기다려야 된다. 그리고 사냥을 끝내고 나면 쉬어야 한다.

엄청나게 배고프고 간절해야 성공할 수 있다. 사냥 시간이 오기 전에는 기다리고 두고 본다. 모든 것을 살펴보고 파악하고 상담하고 준비한 뒤에, 움직이는 거다. 사냥은 쉽지 않다. 천천히 해야 한다. 때가 오기 전까지는 기다리고 또 기다린다. 최강의 인내심이 있어야 한다. 열 번 시도하면 일곱 번, 여덟 번 실패한다. 천천히 기다리며 기회를 얻어야 한다. 정말 자신의 기회를 얻어야 한다. 준비되고 간절한 사람이 자기 것으로 삼는다. 인생은 사냥이다. 그것이 세상 순리다.

사냥당한 사람은 비참해진다. 자신이 사냥감인지, 사냥꾼인지 구분 못 하는 이들도 많다. 자본주의 사회에서 안목 없고 못 기다리고 돈 없으면 사냥감 신세가 된다. 아무리 좋은 상품을 가지고 있어도 알려지기 전까지 못 버티면 소용없다. 아무리 뛰어난 아이디어도 상품으로 내놓고 고객들이 발견해줄 때까지 기다릴 수 있어야 한다. 그 기다림은 버틸 수 있는 돈에서 나온다. 앞으로 사냥감들이 시장에 넘쳐날 것이다. 장기불황이 오기 때문이다.

남들보다 더 오래 기다리는 힘이 있으면 얼마든지 성공할 수 있다. 자신의 때를 기다리기만 하면 된다. 물론 이는 절대 쉬운 이야기가 아니다. 정말 힘들고 어려운 일이다. 그러나 돈이 없고 안목이 없어서 기다리기만 해도 소용없는 이들도 있다. 명심해야 한다. 함부로 목숨 같은 돈을 사기당하지 않고 기다릴 수 있는 준비가 되어 있으면 자리 잡을 기회는 온다. 멋모르고 뛰어든 이들은 그저 사냥당하는 먹잇감 신세다.

절대 쉽지 않은 현실을 맞이하고 있다. 매일 긴장하고 정신 차리고 살아야 한다. 하루하루가 엄청 힘들다. 무슨 일이 생겨, 금세 무너질 수 있다. 있는 듯 없는 듯 조용히 지내는 힘이 있어야 한다. 잘 버틸 수 있어야 한다. 돈이 없으면 언제든 궁지로 내몰린다. 버티는 힘은 돈에서 나온다. 돈이 곧 인내심이 될 수 있다. 그러므로 함부로 빚을 낼 생각을 해서는 안 된다. 철저히 돈을 비축하고 오래오래 견딜 힘을 길러두어야 한다.

도전하고
또 도전하기

현금가치가 높을 때는 빚을 내고 현금가치가 낮을 때는 갚는 것이 좋다. 그리고 지금은 돈을 갚아야 하는 시기다. 이러한 사이클을 잘 파악하고 사업을 시작하는 것이 좋다. 빚내어 사업하는 것을 잘 고려해야 한다. 철저히 자기 돈을 마련할 때까지 준비하고 기다리는 것이 좋다. 그래야 오래오래 버틸 수 있다. 경제 긴축기인지, 확장기인지 세상의 흐름을 잘 파악하는 것이 좋다. 지금은 많은 기업이 무너지고 몰락하는 시기다. 온라인 유통 판매자도 마찬가지다. 남들이 어떻게 움직이는지를 잘 관찰해야 한다.

이번에 많은 자영업자, 판매자들이 사라질 것이다. 못 버텨서 무너지는 이들이 늘어나는 것이다. 사람들이 못 견디겠다고 떠나고 사라진다. 많은 경쟁자가 사라지기 때문이다. 이런 불황이 사업의 큰 기회를 맞이할 수 있는 때다. 다만 자기가 계속 도전할 때까지 돈이 바닥나지 않아야 한다. 도전할 수 있는 기간을 보장받아야 가능하다. 그러려면 돈이 있어야 한다.

무리하게 빚을 내서 시작한 사업은 사업의 성패를 오래 못 기다리게 만든다. 빚이 매일의 일상을 압박하기 때문이다. 온라인 유통 시장에서 금방 자리 잡을 수 없다. 시간이 걸린다. 그 시간을 자기 편으로 삼고 계속 도전하며 살아야 한다. 도전하고 리뷰하고 또 수정해서 재도전해야 자리매김할 수 있다. 인내심과 끈기를 가지고 계속 도전해야 한다. 물론 최대한 보수적으로 움직여야 한다. 신중하게 고민하고 도전해야 한다.

남의 이목을 의식하지 않아야 한다. 남들이 얼마를 벌든 신경을 꺼둔다. 내 처지, 상황을 잘 들여다보고 악조건 속에서도 계속 시도하고 도전하겠다는 각오를 해야 한다. 그런 모습이 평생 지속되게 만들어야 한다. 열심히 살아도 실패를 경험한다. 그리고 세상을 보는 눈을 갖게 된다. 도전하고 넘어지면서 점점 더 단단해진다. 지혜와 경험이 그냥 생기는 것이 아니다. 서러움, 충격, 고난, 어려움을 겪은 뒤에 얻게 되는 교훈이다.

지금은 경제위기가 닥치는 중이다. 그래서 움츠러들기 쉽다. 그래서 더욱 조심하며 활동해야 한다. 그러나 이럴 때일수록 도전을 멈추지 말아야 한다. 항상 아끼고 절약하며 지내야 한다. 그래야 어려울 때도 도전할 힘이 생긴다. 세상에 그저 얻어지는 건 없다. 그것을 알고 잘 움직인다. 나의 때가 올 때까지 계속 도전하고 시도한다. 언제라고 명확히 말하기 어렵지만, 포기하지 않고 계속 도전하면 길은 열리는 법이다.

03 온라인도 관계가 중요하다

온라인 셀러로 활동하면 많은 사람을 만난다. MD도 만나고 상품 공급자도 만난다. 고객도 만난다. 이들과 좋은 관계를 구축하고 싶다. 서로 신뢰하는 관계를 형성하고 싶다. 서로 믿고 의지하는 관계가 되어 오래 거래하면 많은 기회를 만들 수 있다. 오래 관계를 맺으면 신뢰와 믿음이 생기고 그 신뢰 관계가 서로에게 더 여러 가지 활동을 할 여지를 제공해준다. 그러므로 신뢰 관계의 상대방을 확보하는 것이 셀러 활동에 큰 힘이 된다.

물론 잘못된 관계 형성도 생길 수 있다. 인연이 악연으로 바뀌는 경우도 많다. 그러므로 사람과 관계 맺는 것에 신중해야 한다. 아무나 만날 생각을 하지 말아야 한다. 상대방이 하는 말과 행동을 보며 유의해야 한다. 어쭙잖은 이야기를 하며 남들에게 자신을 어필하는 사람을 어떻게 봐야 할까. 그런 이들이 내게 어떤 영향을 미칠지 생각해봐야 한다. 이커머스 시장에서 많은 사람이 들어오고 나간다. 그러는 중에 영양가 없는 사람도 많다. 그런 이들 중에 옥

석 가리기란 쉽지 않다. 무엇보다 조심하는 모습이 있어야 하겠다.

많이 상처받고 또 괴로워하는 일이 늘어날 수 있다. 뒤통수 맞고 배신당하는 일도 많다. 간사한 사람도 많다. 이커머스, 온라인 시장이므로 비대면인 경우가 많아 이런 일은 더 많이 벌어진다. 비대면을 이용해서 막말하고 함부로 대하는 일도 생긴다. 언제든지 연결되고 또 언제든지 단절될 수 있는 상황이라 더 그렇다. 그래서 더 많은 사람을 만나지만, 괜찮은 사람은 더 찾기 어려운 곳이 온라인 유통이다.

그래서 상대방이 하는 말을 통해 상대를 판단해야 한다. 진짜, 가짜를 구분하려는 노력을 계속해야 한다. 겉모습, 겉멋보다 상대가 하는 말이 얼마나 신중하고 사려 깊은지, 아니면 즉흥적이고 단기적인지 고려해야 한다. 지극히 상식적이고 꾸준한 모습이라면 일단 중간 이상의 사람이라고 보면 맞을 듯하다. 처음 이야기 나눠보자마자 상대방이 어떤지 파악하는 노력이 필요하다. 상대가 성실한지, 말이 앞서는지, 우직한지 등을 알아가려고 애쓴다. 무엇보다도 자신과 잘 맞는지 체크한다.

쉽게 무언가를 이룰 수 있다고 말하고 큰돈을 번다고 하면서 과시하고 드러나는 이들은 될 수 있으면 멀리한다. 가짜일 가능성이 크다. 세상에 별사람 다 있다. 그래서 하나하나 다 판단하기 어렵다. 그래도 비상식적이고 탐욕적인 말을 하는 사람이면 피하는 편이 낫다. 최소한 괜찮은 사람은 알아보지 못해도 문제 되는 사람은 차단하는 것이 필요하다. 그래야 당하지 않고 살 수 있다. 그리고 최대한 괜찮은 사람과 어울려야 힘들고 어려운 일을 헤쳐나갈 수 있다. 어디든 마찬가지겠지만, 특히나 온라인 유통에서 관계 맺는 것만큼 중요한 것이 없다.

지름길은
없다

　사람의 마음을 얻는 데 지름길을 바라는 건 좋은 일이 못 된다. 우수한 셀러, 뛰어난 MD, 상품 공급자와 만나기 위해서는 FM대로 움직이는 것이 좋다. 상대방과 연결되기 위해 전화하고 업무 메일을 보내고 어떻게든 여러 가지 방법을 강구하고 시도한다. 내가 어떤 상품을 가졌는지, 또 어떤 행사를 기획할 수 있는지 최대한 정리해서 간결하게 이야기한다. 상대방이 알아듣기 쉽게 말한다. 그래야 상대방이 잘 이해하고 내 바람대로 상대방이 움직여줄 것이다.

　사람은 누구나 자기만의 스타일이 있다. 자기중심으로 일이 흘러가면 주도권을 가지고 있다고 생각하고 즐거워한다. 그래서 상대방의 업무 스타일을 가장 먼저 파악하는 것이 필요하다. 상대가 어떻게 말하는 것을 좋아하고 어떤 이야기에 편안해하는지 알려고 노력해야 한다. 상대방이 제일 싫어하는 스타일로 말하면, 상대방이 거부할 가능성이 크다. 횡설수설하며 자신의 의사를 제대로 표현하지 못하면 더욱 연결되기 어렵다. 어떻게 이야기를 주고받을지 잘 정해놓아야 한다.

　만나는 상대방의 수가 늘어나면 그만큼 사람을 상대하는 요령이 늘어난다. 온라인 유통 시장에서 잘 팔리는 상품은 누구나 관심이 있다. 상품 공급업자, 온라인 채널 MD, 상품 기획자 모두, 잘 팔리는 상품을 취급하고 싶다. 그래서 남들보다 더 빨리 더 쉬운 지름길을 찾고 싶다. 결론부터 말하면, 지름길 따위는 없다. 공을 들여, 상대방의 연락처를 파악하고 예의를 갖춰서 연락한다. 그리고 거래할 의향이 있는지를 묻는다. 필요에 따라, 대면 미팅도 한다.

얼굴을 보고 이야기하고 나면 안 보고 거래를 시작한 것보다는 훨씬 책임감과 유대감이 든다. 물론 여건이 안 되어서 못 만나는 이들도 분명 있다. 그러므로 상황에 맞게 접근하는 것이 최선이다. 무조건 얼굴부터 보고 해야 한다는 건 아니다. 다만, 최대한 자주 소통하는 것이 필요하다. 벼가 농부의 발걸음 소리를 듣고 자라듯 온라인도 셀러와 MD 사이의 이야기 나누는 시간 양에 따라 자란다고 생각한다.

단숨에 매출 내고 대박을 터트리면 좋겠다고 생각하지만 그런 것은 없다. 초기에 큰 매출을 내면 다음에 매출이 적다고 실망하고 되레 의욕이 꺾이는 경우가 많다. 온라인 유통의 특성상 쉽게 연락해서 행사하다가 매출 적어지면 흐지부지 관계가 끊어지는 경우가 허다하다. 매출 부진을 상대방의 잘못으로 떠넘기고 끝내버린다. 이렇게 스쳐 지나가는 이들이 꽤 많다. 온라인 셀러가 되겠다고 나선 이들이 이렇게 행동하면 온라인 사업이 자리 잡기 힘들다. 무성의하게 관계를 마무리하면 다음에 좋은 기회가 생길 리 없다.

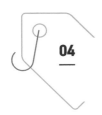

04 관계, 바라기만 해서는 안 된다

무작정 들이미는 거보다는 조금은 준비하고 관계를 맺는 것이 좋다. 무엇을 미리 챙기고 다가가야 하는지 알아본다. 나쁜 사람들 안 만나고 제대로 된 이들을 만나는 것이 제일 중요하다. 그런데 이 세상은 나쁜 사람 안 만나려고 애쓰면 되레 더 꼬이는 아이러니가 종종 벌어진다. 그러므로 상대방이 어떤 스타일인지 항상 확인해야 한다. 그래야 당하지 않고 사업을 제대로 유지할 수 있다.

세상에는 별의별 사람이 다 있다. 온갖 사기꾼들이 넘친다. 조금만 틈 보이면 잡아먹으려 하고 사기 치려고 수작을 부린다. 그러므로 항상 조심하고 유의하는 모습이 필요하다. 그러므로 어쩔 수 없이 상대방이 어떤 사람인지 확인하는 과정이 꼭 필요하다. 남들이 믿을 만한 사람인지, 사짜인지 잘 봐야 한다. 입만 열면 사기 치려는 이도 많다. 그래서 말과 행동을 유심히 관찰해야 한다.

먼저 경험한 이들의 말에 귀 기울여본다. 이미 그 무대에서 활동하고 있는 이들은 겪은 것이 많다. 시행착오도 있었고 잘 된 것도 있고, 잘 되지 않은 것도 있다. 그러므로 그들의 생생한 이야기가 내게 꼭 필요한 정보가 될 수 있다. 하나하나 귀담아듣고 차분히 생각해본다. 그들의 경험이 나에게 어떻게 도움이 될지는 잘 들어봐야 한다. 사람들과 잘 연결되고 관계 맺는 건 쉬운 일이 아니다. 그래서 더욱 잘 준비하고 대비하는 것이 좋다.

만나자마자 아주 좋은 신뢰를 쌓기는 어렵다. 시간이 걸린다. 어떻게 될지도 모르는데 무작정 상대방에게 요구하고 바라기만 해서는 곤란하다. 초기에는 내가 할 수 있는 부분을 잘 정리해서 잘 어필하는 것이 필요하다. 조바심내지 않고 내 중심을 잡아가며 천천히 관계를 구축하는 데 정성을 쏟는다. 때로는 안 맞을 수도 있고, 오해가 생길 수도 있다. 그러나 확실한 건 정성과 노력이다. 성심성의껏 움직이면 그것이 겉으로 드러난다. 그러므로 초기에는 성실함을 보여주는 것이 좋다.

평생 온라인 유통 분야에서 머문다고 생각하고 관계를 맺어라. 묵묵히 시간을 축적해나가고 관계 형성에 정성을 다한다. 뻔한 이야기일 수 있지만, 이것만큼 빠른 길이 없다. 쉽게 말하는 이들의 이야기는 멀리한다. 쉽게, 빨리 이뤄지는 건 가짜일 가능성이 크다. 상대방의 스타일에 맞는 접근 방법을 찾는다. 그러면 제대로 소통할 수 있고 온라인 셀러로서 성공하는 길은 분명 열리게 되어 있다. 운이든 실력이든 노력만 있으면 생기기 마련이다. 행운은 운이 없는 이에게도 오게 마련이다. 잘 기다리기만 하면 말이다.

신뢰와
의리 지키기

　요즘 세상은 사람들을 너무 쉽게 생각한다. 언제든 단절하고 끊어버리면 된다고 생각한다. 자기 상품을 잘 보이게 해주고 행사 쿠폰 더 붙여서 매출 내게 해주면 고마워한다. 그런데 조금 소홀히 하고 신경 안 써주면 그냥 영양가 없는 사람 취급한다. 그리고 너 아니고도 나에게 상품 가져오는 사람 많으니, 너 아니어도 된다. 이렇게 생각하고 상대방을 우습게 본다. 만만하게 생각한다. 그런 관계 속에서 잘 팔리는 상품이 나올 수 없다.

　온라인 유통에서 상대방을 너무 무례하게 대하고 너 아니면 다른 사람과 관계 맺으면 된다는 식으로 지내는 질 낮은 이들이 많다. 당장 자기 앞에 있는 사람에게 불성실한 이가 어떻게 다른 사람들을 정성스레 대하겠는가. 턱도 없는 소리다. 너무 티나게 이해타산적이다. 그래서 오래 관계를 지속 못 한다. 그런 태도는 온라인 유통에서 금세 티가 난다. 그래서 오래 갈 수 없다. 심하다.

　온라인 유통에서 안정적인 관계 구축, 신뢰 관계를 갖기가 더 어렵다. 그래서 조금만 남들보다 더 신경 쓰면 반대로 오래가는 관계 구축이 가능하다. 조금만 지나면 서로 알아차린다. 상대가 나를 얼마나 정성스레 대하는지, 아니면 대충 간 보는 중인지 말이다. 그리 생각해보면 나와 거래하고 있는 상대를 어떻게 대해야 할지 알게 된다.

　내가 진정성을 가지고 대하면 상대방도 시간이 지나면 느낀다.

그런 마음이 더욱 좋은 상품, 잘 팔리는 상품을 만들어내는 데 도움이 된다. 어쩌면 평생을 가는 긴 인연이 될지도 모른다. 온라인 유통에 뛰어드는 사람들이 많다지만 오래 머물며 활약하고 자리 잡는 이들은 적다. 그래서 조금만 지나면 알려진다. 그래서 더 예의 있게, 신뢰 있게 활동해야 한다.

조금 손해 본다고, 손해를 메우려고, 남 뒤통수치고 장난치면 언제든 들통나게 되어 있다. 자기 꾀에 자기가 넘어간다. 함부로 남을 이용할 생각을 하면 안 된다. 그보다 손해 본다는 마음으로 더 정성스레 상대에게 나를 내보여야 한다. 그럴 때, 온라인 유통에서 오래오래 지내는 강자가 될 수 있다. 이렇게 성실하게 신뢰와 의리를 지키면 다른 채널로 확장하는 건 금방 가능할 수 있다. 온라인 업계의 소문이 금세 확산하기 때문이다.

원하는 것 먼저,
결론을 말하라

요즘 사회는 인내심이 부족하다. 특히나 남의 이야기를 차분히 기다리며 들어주는 이들이 적다. 특히 온라인 유통에서는 오프라인보다 월등히 많은 사람과 소통해야 한다. 그래서 상대방의 말을 다 듣기가 힘들다. 그런 상황에서 명확하게 의사 전달하는 것이 중요하다. 간결히 의사소통하기 위해서, 결론부터 먼저 밝히는 것이 좋다. 그래야 상대방이 단번에 알아들을 수 있다. 소통의 혼란을 줄일 수 있다. 장황하게 말하면서 어필하면 혼란스러워 혼선이 생길 수 있다. 직접 바로 결론을 먼저 이야기하는 것이 낫다. 그래야 제대로 움직일 수 있다.

직접 결론 먼저 이야기하면 서로의 시간을 절약할 수 있다. 특히나 이커머스에서는 비대면이 많고 언제든 연결이 쉽지만, 또, 쉽게 단절되기도 한다. 그래서 곧바로 결론 및 요구사항을 먼저 말해야 한다. 그리고 난 뒤에 부연 설명을 하는 것이 낫다. 할지 말지를 먼저 정하고 그다음에 어떻게 할지를 의논하는 것이 좋다. 오랜 설명

뒤 결론을 이야기하면 상대방이 지쳐버린다. 특히나 온라인 유통에서는 다음에 말을 걸면 아예 차단된 상태일지도 모른다.

결론을 미리 이야기한다고 무례하거나 예의에 어긋난다고 생각하지 않는 것이 좋다. 조심스레 전달하지만, 의사 전달은 명확한 것이 훨씬 낫다. 그래야 서로 시간 낭비를 줄일 수 있다. 상대가 생각하는 것과 내가 생각하는 것의 차이, 간격이 심하면 아예 진행하지 않는 것이 더 나을 수도 있다. 각자 자기만의 생각에 빠져 혼동하면 실망이 더 커지고 아예 관계까지 무너질 수 있다. 그래서 더욱 결론을 먼저 제시하는 소통이 좋다.

또한 카카오톡 메시지나 네이트온 등 메신저에 메시지로 남기는 것을 병행하는 것이 좋다. 유선상 소통이나 대면 대화를 하고 난 뒤에 상대방이 논의한 내용을 다시 떠올리고 실무에 적용하는 데에 실수가 생기지 않도록 목소리와 메시지를 같이 남겨놓는다. 그래야 오류를 줄일 수 있고, 상대방에게 나를 더 잘 어필할 수 있다.

때로는 URL 주소 전달 하나로 모든 것을 정리할 수도 있다. 잘 팔리는 상품의 정보를 보내주면 백 마디의 말보다 더 빠른 소통이 될 수도 있다. 어떤 식으로 소통하는 것이 빠르고 정확한지는 생각해볼 일이다. 물론 이는 항상 상대방에게 맞춰가며 하는 것이 필요하다. 상대방에 따라 잘 적용해 진행하면 소통에 혼란은 줄이고 업무 진행 속도는 더 빨라지고 결과물은 더 좋아질 수 있다.

정확히
요구하기

세상의 많은 일이 잘 이뤄질 거라고 믿는다고 이뤄지지는 않는다. 믿어서 다 이뤄질 거 같으면 교회나 절에 가서 간절히 기도하지 왜 안 하겠는가. 믿어도 안 되는 일은 많다. 그러므로 너무 간절히 바라고 믿는 것은 경계할 필요가 있다. 그리고 자신을 믿으라고 강하게 말하는 사람은 되레 의심해야 한다. 사기를 쳐서 남의 돈을 빼먹으려고 수작 부리는 이들이 믿어달라는 말을 많이 한다. 상식 이상의 이익을 주겠다는 말은 의심해야 한다. 거의 다 가짜다. 세상에 별놈들이 다 있어서 정말 영업하는 사람들이 영업하기 어렵다. 게다가 영업이라는 말이 매우 안 좋은 의미가 되어버렸다. 어쩌다가 나라가 이 지경이 되었나 싶다.

남을 사기쳐서 먹고 사는 쓰레기들이 많다. 그래서 원하는 것을 상대방에게 정확히 요구하고 수용하지 못할 것 같으면 깔끔히 손절하는 것이 낫다. 알아서 챙겨주겠거니 하는 마음을 먹으면, 나만 손해 본다. 안 챙겨준다. 그리고 뒤통수친다. 매사에 정확해야 한다. 계약서를 쓰고, 각종 조건을 명확히 정한다. 그래야 오해도 없고 분쟁도 줄일 수 있다. 좋은 시절에는 모든 것이 다 좋아보이고 괜찮을 수 있다. 그러나 일을 하다 보면 안 좋을 때가 있다. 그럴 때는 어쩔 수 없이 법의 힘을 빌려야 될 수도 있다. 그래서 최대한 조건을 명확히 해둬야 한다. 요구사항이 다 기재되어 있어야 한다.

자신을 대단한 사람으로 표현하는 이들은 사기꾼이거나 허풍꾼이다. 자신을 남들과 다르게 특별한 존재라고 과시한다. 이렇게 해

24년 차 이커머스 MD가 말하는 **온라인 마켓, 매출 100억 비밀 노트**

서 남들에게 영향력을 행사하려고 한다. 그런 이들에게는 더욱 정확한 잣대를 대야 한다. 두리뭉실하게 말하면 자기 편한 대로 해석하고 움직인다. 그래놓고 책임을 다 뒤집어씌우고 잘못을 떠넘길 수 있다.

자신에게 잘 보이고 자기에게 도움을 주면 나도 덕을 볼 수 있다는 말을 주로 한다. 남들은 못 하는 일을 자기는 할 수 있다고 말하면 가짜라고 보면 맞다. 극소수의 진짜 실력자들도 있지만, 정말 뛰어난 이들은 자신을 그리 표현하지 않는다. 이렇게 표현하는 이들은 껍데기고, 되레 남들에게 갑질하는 질 나쁜 사람일 가능성이 크다. 그런 이들과 엮이지 않아야 하고, 항상 정확하게 요구하고 수용할 수 있는지를 확인해야 한다. 그리고 상대가 수용을 못 할 것 같으면 그때 손절하는 것이 낫다.

교묘히 남을 조종하고 남에게 함부로 하면서 자기 이익을 추구하려는 놈들 많다. 거드름 피우고 함부로 막말하고 능력 있는 거처럼 군다. 그런 이들은 남에게 영향력을 행사하려고 수작 부린다. 자기 말만 믿으면 무엇이 될 거처럼 이야기하는데, 세상에 그런 건 없다. 안 믿는 것이 최고다. 바쁜 세상에 자기 일에만 집중하기에도 시간이 부족하다. 내 소중한 시간을 낭비하며 아무거나 믿으면 큰일 난다. 인맥을 중시해야 한다는 말 보다 자신의 능력을 더 키우고 더 공부하는 것이 더 낫겠다. 아무나 만나고 아무 말이나 믿으면 그냥 파산 예약이다.

솔직하게
말하기

우리는 살면서 남에게 내가 원하는 바를 말하고 내 식으로 관철해야 한다고 믿는다. 일정 부분 맞는 이야기다. 내 요구사항을 잘 전달하고 잘 실행되기를 희망한다. 그런데 남에게 요구하기 전에 그 요구가 나에게 정말 필요한 것인지 생각해야 한다. 내가 할 수 있는 것을, 남에게 말하고 있는지 아니면 무리한 요구인지 생각해 봐야 한다. 솔직히 말할 수 있어야 한다. 가짜, 속임수는 언제든 들통날 수 있다. 오래 갈 수 없다.

남에게 요구하는 것보다 나 자신에게 더 솔직하게 말하는 것이 중요하다. 남을 속이는 것을 자연스러워하는 이들이 있다. 악인들이다. 나쁜 놈이다. 남을 속이다 보면 나중에는 자기 자신도 속인다. 절대 남에게만 피해를 주고 자신은 안전해지는 길은 없다. 그저 남에게 하는 모습대로 자기 자신을 대하게 된다. 그러다 보면 나중에 자신도 무너진다. 남을 무너뜨리고 자기만 잘 되는 일은 없다. 돌고 돈다.

이커머스 사업을 하다 보면 금세 트릭, 편법과 마주할 수 있다. 그럴 때 정말 그래도 되는지는 스스로 물어야 한다. 부정한 방법으로 하나둘 쌓아가다 보면 스스로 무너질 거리를 만들게 된다. 오래 갈 수 없다. 그러므로 항상 편법, 부정을 조심하고 경계해야 한다. 빨리 가는 지름길 같아 보여도 파멸의 길이 된다. 또한 말과 행동도 조심해야 한다. 구설수가 되고 문제가 될 수 있다. 말조심이 더 필요하다. 함부로 말하다 보면, 자기 자신도 속일 수 있다. 자기 안에서 조작, 수작 부리는 모습이 싹트지 않는지 유의해야 한다.

지금 내가 더 노력하고 번거로움을 감수하면 결실이 생길 것이다. 세상에 그냥 되는 것이 없고 지금 일하고 있으면 그 자체로 기회를 가진 것이다. 남의 잣대, 시선으로 지금의 내 일을 평가하기보다는 내 신념, 안목으로 바라보고 받아들여야 한다. 남을 속이고, 피해를 주는 것만 아니면, 무슨 일이든 그 나름의 이유와 의미가 있는 것이다. 이렇게 마음먹는다.

차가운 현실을 잘 볼 수 있어야 내 길이 열린다. 지금은 매우 어려운 시기다. 정신집중 하고 더 마음을 단단히 먹어야 한다. 방만하게 벌려 놓은 것이 있으면 다 정리하고 상황을 잘 파악해야 한다. 눈앞에 위기가 닥쳐도 흔들리지 않도록 최대한 준비해두어야 한다. 사는 것이 쉽지 않다. 바라는 것이 있으면 정말 죽었다 싶을 정도로 몰입해야 겨우 가질 수 있다. 남들도 다 열심히 산다. 그래서 그냥 내게 대충 흘러들어오는 건 없다고 믿어라. 쉬울 거라고 나를 속이면 안 된다. 힘들다. 더 어렵다고 나 자신에게 이야기해야 한다.

행동으로
내보이기

말로만 절박하다. 열심히 하겠다고 한다. 그런데 뭐 하나를 물어보면 제대로 답을 못하는 등 전혀 준비가 안 되어 있다. 그리고 과거의 영광을 잊지 못한다. 대기업 임원으로 일했던 명예로웠던 때가 있다. 그런 기억이 더 열심히, 성실하게 일하지 못하게 만든다. 과거의 영광스러웠던 기억에서 벗어나 바닥부터 다시 시작할 수 있어야 한다. 누구나, 과거에 좋았던 시절은 있다. 그러나 그런 것은 이제 잊어야 한다. 과거에 취해서 지금도 어깨에 힘이 들어 있는 이들이 많다. 그들은 꽤 오랜 기간 시행착오를 겪어야 과거의 때를 벗겨낼 수 있다.

지금에 집중해야 한다. 나이 들고, 오랫동안 조직의 힘에 기대어왔다. 그리고 이제는 오직 자기 힘으로 세상에 나섰다. 사회의 이등병과 같다. 그런데 과거의 습성이 남아 있다면 잘 되기 어렵다. 온라인에서는 무수히 많은 종류의 사람들을 만난다. 그래서 각양각색의 사람들이 있다. 그런데 거드름 피우고 말로만 청산유수인 사람들은 조금만 지나면 천대받는다. 대접을 못 받는다고 보면 맞다. 아주 사소한 것도 모르는데, 어찌 새로운 세상에 적응할 수 있나? 턱도 없다.

배우려는 자세가 안 되어 있고 절박하지 않은 행동을 보이면 다른 사람들에게 금세 외면받는다. 스스로 공부하고 파악하는 성실한 모습을 보여야 상대방도 도와주려고 마음먹는다. 입만 벌리고 누가 떠먹여 주기를 바라면 사람들은 금세 안다. 공짜, 요행을 바라는 심보를 보이면 금세 사람들에게 배척당하고, 경쟁력 있는 판매자가 되려는 꿈은 멀어진다. 그러는 사이에 남들은 더욱 바닥을 기면서 적응하고 강해진다.

누가 아주 좋은 방법을 제시해주고 자신은 그것을 착실히 실행하면 이뤄질 것으로 예상하는 이들도 많다. 그런데 누가 대신해주는 거 없다. 철저히 깨지고 넘어지면서 자신이 직접 겪어야 자기 것이다. 우수 직원들 뽑아서 월급 주며 자신은 결정만 하겠다고 마음먹으면 그냥 당한다. 정말 돈이 많으면 그리할 수 있겠지만 세상일이 절대 녹록지 않다.

물론 아무리 행동으로 옮겨도 정말 바라는 성과를 못 이룰 수도 있다. 세상에는 아무리 노력해도 안 되는 것이 있다. 그래도 이리 해보고 저리 해보면서 간절함을 내보이면 어떤 식으로든 길은 열릴 것이다. 절박한 모습이 상대방에게도 전해진다. 그러면 상대방이 정말 간단명료하게 해법을 알려줄지도 모른다. 찾고 또 찾으려는 모습이 계속되면 그 과정에서 분명 해답은 나오기 마련이다. 이렇게 생각하고 행동하면 좋을 것 같다.

상대방의
속도에 맞추기

물론 세세하게 다 언급하고 다 말하면 상대가 불편해할 수 있다. 그런데 그런 세밀함이 온전히 자리매김하는 과정이다. 좋은 결과를 만드는 길이다. 그러므로 항상 스스로 정리해놓고 과정을 기록해둬야 한다. 그런 뒤에 거래 관계자와 어느 정도 관계가 구축되고 나면, 최대한 공유한다. 아주 작은 디테일이 최종 결과를 만드는 데 큰 힘이 된다. 지극히 평범하고 당연해보이는 이 말이 온라인 유통 판매자에게 매우 중요하다. 귀찮더라도 전부 내가 다 챙기겠다는 각오를 해야 한다. 그리고 나중에 하나둘씩 상대방에게 다 공유한다. 그래야 상대방의 수준이 내 눈높이에 맞게 조정될 수 있다. 잘 맞는 관계가 된다.

아무리 복잡하고 힘든 일도 나눠서 하나둘씩 대응하면 된다. 그러면 덜 힘들게 순서대로 해결할 수 있다. 힘들고 어려운 일을 거래 파트너와 같이 잘 의논하면 대응하는 좋은 방법이 생길 수 있다. 온라인 셀러와 MD가 같이 챙겨나가면 온라인 유통 시장에서 잘 자리매김할 수밖에 없다. 같이 손발을 맞춰나가고 잘 통할 때 성과가 생기는 법이다.

그저 남에게 맡겨놓고 다 되기를 바라면 안 된다. 그건 요행이고 공짜를 바라는 심리다. 이렇게 바라면서 일하다가는 조금만 지나면 관계도 흐지부지되고 서서히 멀어진다. 그러다가 관계가 끊기고 거래도 안 하게 된다. 상대에게 먼저 요구하고 부탁만 하면 상대는 불편해하거나 귀찮아한다. 내가 궁금해하는 부분, 요청하는 것도 최대한 간결하게 정리해서 간단하게 요청해야 한다.

영리하게 잘 공유하면서 거래를 해서 서로 힘이 되는 관계가 되면 앞으로 더 많은 것을 같이 이뤄낼 수 있다. 상대방보다 내가 더 움직이고, 더 애쓰는 것이 계속되면 그 모습은 상대에게 전해지기 마련이다. 그러므로 초기에는 내가 더 노력해야 한다. 예의를 갖추고 최대한 간결하게 공유한다는 마음으로 접근해야 한다.

내가 더 노력하고 더 챙겨서 상대에게 잘 알려주면 같이 성장하고 같이 좋은 결과를 볼 수 있다. 이렇게 상대방이 나에게 적응할 시간도 주고 여지도 줘야 한다. 나의 스타일을 상대방에게 최대한 공손하게 잘 알리는 것도 필요하다. 상대방과 잘 맞춰서 움직일 수 있게 공을 들여야 한다. 내 노력과 정성이 상대에게 잘 전달되면 좋은 에너지가 전파될 것이다. 비록 매출이 적게 나온다 해도 포기하지 않고 계속 말을 걸고 요청하면서 계속 관계를 이어나가면 좋은 결과를 만들 것이다.

06 상대의 이야기를
잘 듣는 법

상대가 다 말할 때까지
기다리기

어눌하게 말하고, 결론은 없고 횡설수설 이야기하는 이들이 있다. 이들을 상대하기란 정말 쉬운 일이 아니다. 내가 만약에 그리 말하는 스타일이면 상대방이 정말 곤욕스러울 것이다. 그런데 내가 만약 그런 상대방을 만나면 어떻게 해야 할까? 인내심을 가지고 상대방에게 맞추려고 노력해야 한다. 그런 사람일수록 진국일 수 있고 정말 실력자일 수 있다. 그런데 말하는 스타일 때문에 사람들에게 인정 못받거나 비켜나 있을 수 있다. 그런 사람을 잘 발견하고 내 편으로 만들면 온라인 유통에서 좋은 자리를 잡을 수 있는 건 당연한 일이다.

아무나 할 수 있는 것을 나도 한다는 건, 경쟁력이 못 된다. 남들이 하지 못하는 것을 내가 할 때 나의 경쟁력이 될 수 있다. 그러므로 잘 생각해본다. 제대로 말하는 능력이 없는 사람도 내 곁에 두고 나와 가깝게 해놓으면 그가 가진 강점을 내 것으로 활용할 수 있다. 그러므로 상대방이 조금 답답하게 한다 해도 참고 견디며 기다릴 줄 알면 내게 큰 도움이 된다.

물론 말이 쉽지, 참으며 상대방이 말하는 것을 지켜보는 건 쉬운 일이 아니다. 실천하기 어렵다. 그래도 상대의 말이 끝날 때까지 기다린다면 상대로부터 더 많은 정보를 얻을 수 있다. 보통 그런 사람이 자신의 스타일을 알고 있는 경우도 있다. 그래서 잘 들어주면 상대방에게 인심을 살 수도 있다. 자신의 그 답답함을 기다리고 견뎌준 사람인데 소홀히 대하겠는가. 그럴 리 없다. 그러므로 답답한 스타일의 사람도 소중히 대한다.

내 바람대로, 내 희망대로 다른 사람이 움직여주면 좋겠지만 세상에 그리 쉽고 잘 되는 일은 잘 없다. 의식적인 노력을 통해 남들과 손발을 맞춰가야 한다. 그래야 하나둘씩 다듬어지는 것이다. 상대방과 좋은 관계를 맺고 온라인 유통에서 자리매김하는 건 절대 쉬운 일이 아니다. 그리고 잘 모르는 남과 맞추면서 협력하는 것도 어려운 일이다. 그래서 의식적인 노력을 통해 맞춰가야 한다. 그러다 보면 상대방의 진면목을 보는 기회가 올 수도 있다.

인내심을 가지고 기다리며 상대의 이야기를 다 듣다 보면 생각지도 못한 아이디어와 기회를 가질 수도 있다. 내가 잘 모르는 듯 듣고 있으면 상대방은 자신이 알고 있는 이야기를 꺼내놓는다. 상대방이 모든 것을 다 이야기하게 해준다면 그는 당신의 우군이 될 가능성이 커진다. 그리고 그런 관계는 흔들림 없는 단단한 장기적 신뢰 관계가 될 수 있다. 그리 믿고 상대방의 말을 중간에 끊지 않아야 하겠다.

불편한 이야기에
귀 기울이기

기회는 누구에게나 온다. 그런데 억울하게도, 나에게는 안 올 수도 있다. 세상은 불공평하다. 절대로 착각하면 안 된다. 내게 온 엄청난 기회가 사실은 가짜일 수 있다. 그런데 많은 사람이 착각한다. 나에게 큰 기회가 올 거라고 믿고 소소하고 작은 것들을 무시한다. 지루하고 답답한 현실을 우습게 보고 외면한다. 실제로는 대단하고 멋있어 보이는 것은 가짜이고, 허름하고 없어 보이고 답답해보이는 것이 진실일 가능성이 크다. 그래서 우리네 일상을 둘러보며 무엇이 진짜고 무엇이 가짜인지 파악하는 노력이 필요하다.

진실은 아무리 숨기고 가려도 드러날 수밖에 없다. 사람들이 듣고 싶어 하는 이야기를 달콤하게 하는 이들이 있다. 그들은 거의 다 가짜다. 진짜, 도움이 되는 이야기는 달콤하지 않다. 불편하다. 들으면 화가 나고 짜증이 난다. 뻔한 이야기라서 잘 안 들으려 한다. 그리고 달콤한 이야기를 하며 자기 믿고 일 벌이라고 한다. 그래서 도장 찍으면 상대방은 돈 벌고 나는 망가지는 경우가 많다. 그러므로 듣기 달콤한 이야기를 경계해야 한다.

과시하고 드러내는 이들은 자신이 아주 영향력이 넘치는 사람이라고 착각한다. 사람을 속이고 현혹하면서 뿌듯해한다. 그리고 그런 이들을 추종하고 그들이 시키는 대로 하다가는 인생 망치는 이들로 많다. 이렇게 남의 말 믿고 움직이는 이들은 절대로 자기 영역을 만들어나갈 수 없다. 이용당하고 끌려다니기 쉽다. 철저히 온라인 유통 시장에서 살아남기 위해서는 날마다 상품을 팔고 온라인 유통 시장이 어떻게 흘러가는지 봐야 한다. 그리고 고객의 불평에 귀 기울여야 한다.

지금은 돈을 지킬 때다. 그리고 마음을 단단히 먹어야 한다. 불황이 깊어지는 시대다. 매출이 없어 오프라인 가게가 망한다. 망해도 폐업을 마음대로 못한다. 폐업도 돈이 있어야 할 수 있다. 폐업하면 곧바로 갚아야 하는 대출 원금 때문에 어쩔 수 없이 가게 문을 연다. 속이 타들어 간다. 지옥 같은 슬픈 현실이다. 버는 건 없는데, 비용만 늘어나면 언제든 무너질 수 있다. 그러면 온라인은 기회의 땅이고 쉬우냐? 아니다. 절대 만만하지 않다. 그래서 감당할 수 있는 범위 안에서 일을 벌여야 한다.

욕심부리는 순간 손해가 생긴다. 세상이 무섭고 잔인함을 알아야 한다. 지극히 현실적이고 일상적인 일의 이야기를 들어야 한다. 지긋지긋하고 답답한 평소의 이야기에 귀 기울일 줄 알아야 한다. 당연한 것을 당연하게 만드는 것이 대단한 일이다. 남들이 지적하는 불편한 이야기 속에서 개선 포인트가 생기고 새로운 성장 기회가 오는 법이다. 불편한 이야기에 귀 기울일 때, 망하지 않을 수 있다. 힘든 현실에 더 적응하며 활기 있게 지낼 수 있다.

남의 성공 이야기 듣고
욕심내지 않기

성공한 부자들이 너무 많이 보인다. 스마트스토어로 10억 원, 20억 원을 벌었다고 한다. 듣기만 해도 부럽다. 나같이 어리석은 이들은 그런 말만 들어도 가슴이 뛴다. 흥분된다. 나도 사업하면 이렇게 돈 벌 수 있을 것 같다는 말도 안 되는 생각이 든다. 나도 모르게 욕심부린다. 참 한심한 모습이다. 정신 차려야 한다. 그런 말도 안 되는 이야기는 아예 차단해야 한다고 생각하면서도 남들이 잘 되었단 이야기를 들으면 부럽다. 그런데 그런 생각을 경계해야 한다.

정확하지 않은 남의 성공 이야기, 그렇게 성공했더라는 말에 자꾸 흔들리면 금방 내가 욕심 덩어리가 된다. 내가 만들어놓은 깊은 늪에 내 발로 들어가는 셈이다. 그 늪에 들어가면 그냥 못 나온다. 삶이 송두리째 뽑힌다. 미친 듯이 고개 처박고 일만 해도 될까 말까 한 것이 사업이다. 그런데 우아하게 그럴싸하게 지름길을 간다고? 미친 소리다. 조금만 일 잘 못 벌이면 죽을 때까지 하층민으로 살아야 한다. 그러지 않으려면 지금 성실히, 착실하게 지내야 한다.

정말 낮은 자세로 지내야 한다. 그래야 겨우 자기 일을 유지해나 갈 기본이 갖춰진다. 내야 할 세금은 계속 늘어나고, 나갈 돈은 많은데 온라인 유통에 뛰어들어서 언제 자리 잡을지 불확실하다. 그래서 자리 잡기 전까지는 철저히 소비를 줄여야 한다. 두 눈 질끈 감고 지금의 현실을 버텨야 한다. 온라인 유통에서 셀러로 지내는 일이 절대 쉽지 않다. 그런데 돈을 쉽게 번다고? 가짜들의 말이다. 조금 삐끗하면 평생 거지처럼 살아야 한다. 욕심 잘 못 부리면 현실에 갇혀 도망 못 가고 그냥 지옥과 같이 살게 된다.

경제가 침체하면서 활력을 잃어가고 움츠러드는 사람들이 늘고 있다. 생존 앞에서는 자존심이고 뭐고 없다. 어떻게든 겉멋, 욕심에 빠지지 않도록 자기 자신을 항상 조심시켜야 한다. 먹고 사는 일이 가장 최우선이다. 사람들의 인권이 바닥을 치고 있다. 살아남는 것을 최우선으로 염두에 둬야 한다.

빚 때문에 고민 많은 이들이 늘고 있다. 일자리가 없어 힘들어하는 이들도 많다. 개인사업자들은 장사가 안 되어 걱정이다. 나가는 고정비는 뻔하고 쉽게 나아질 기미가 안 보인다. 너도, 나도 다 힘들어한다. 먹고 사는 문제가 너무 힘들다. 이런 세상에서 자기 일을 묵묵히 해나가기란 절대 쉬운 것이 아니다. 그러므로 욕심을 멀리하고 자기 일에 더욱 최선을 다하는 것이 가장 빠르고 현명한 길이다. 함부로 남의 성공 이야기를 듣고 흥분해서 욕심내면 패가망신한다. 절대 욕심부리지 말아야 한다.

부정적으로 말하는 이에게
귀 기울이기

온라인 사업은 누구나 시작할 수 있다. 그러나 아무나 자리 잡을 수 없다. 쉽게 뛰어들 수 있어 아무나 진입하지만 금세 포기하고 나가떨어진다. 누가 못하게 하는 것이 아니다. 자신이 알아서 그만둔다. 엄청난 노력과 정성을 쏟아야 겨우 자리 잡는다. 누구나 쉽게 돈을 버는 기회가 넘치는 곳이 아니다. 유튜브에서 관련 영상을 보면 쉽게 말하는 이들이 많다. 그런데 그리 말하는 이들은 대부분 가짜다. 쉬운 일이 아니다.

자기만 알고 있는 특급 노하우, 공식이 있다. 내가 말하는 대로만 하면 금세 자리 잡고 돈도 많이 번다. 이런 말에 넘어가면 안 된다.

그런 이들은 나중에 대부분 고가의 상담료를 요구한다. 그들이 말한 대로 세상이 착착 흘러가지 않는다. 수많은 변수와 여건들이 있다. 그것들을 다 감안하고 대응할 수 있다는 건 거짓말이다.

온라인 업계의 용어 하나 모르고 어떻게 흘러가는지 제대로 파악도 못 했으면서 돈 벌겠다고 상품 왕창 사입하고 행사를 무조건으로 하면 남 좋은 일만 하는 것이다. 이 업계에서 제일 무서운 건, 대기업에서 임원, 부장 등 고위 직급으로 오래 생활하고 좋은 대학 나온 똑똑한 선무당들이다. 어쭙잖은 지식으로 바닥부터 시작하지 않고 중간 이상부터 알맹이만 빼 먹고 싶으며 멋있게 일하고 싶어 한다. 그런데 그리 녹록한 곳이 아니다. 온라인 시장에서 조금 해보다가 포기하고 나가는 이들이 많다.

수수료, 마진, 유료배송, 조건부 무료배송, 객단가, 페이지 뷰 등 많은 용어의 뜻도 알아야 하고 어떤 메커니즘으로 흘러가는지 파악도 할 수 있어야 한다. 자기가 팔려고 하는 상품군 시장에 고객들 반응이 어떤지, 검색어가 어떤 것이 인기 검색어인지, 상품 상세는 어떻게 하는 것이 고객들이 선호하는지 등 배워야 할 것들이 한두 개가 아니다. 그런 것들도 모르면서 겉멋 들어서 거들먹거리면서 움직이면서 온라인 시장에서 자리 잡는 건 불가능하다.

온라인 유통에서 조금만 해보다가 생각처럼 안 되면 그냥 놓아 버린다. 긍정적인 이야기, 돈 많이 벌고 쉽게 자리 잡은 이야기들만 듣고 싶어 한다. 초고속 지름길을 찾고 싶어 한다. 그래서 그들이 제대로 자리 못 잡는다. 정말 부정적인 이야기, 뻔한 이야기, 당연한 이야기에 귀 기울여야 한다. 이렇게 쓴소리하는 사람들을 가까이해야 자리매김할 수 있다. 온라인 업계에 뛰어든 신출내기들은 언제든 그 업계의 먹잇감이다. 그것을 잊지 말아야 한다.

어렵게 말하는 이의
이야기도 듣기

말은 간단명료해야 상대방이 알아듣기 쉽다. 그런데 의외로 횡설수설 이야기하는 이들이 많다. 자기가 아는 것이 많다고 말을 많이 하는 이들이다. 그런 이들의 말을 잘 들으려면 인내심이 필요하다. 고도의 집중력이 필요하다. 상대방을 배려한다면 필요한 말만 쉽고 짧게 하는 것이 좋다. 그런데 우리가 그런 상대만 만날 수 없다. 장황하게 늘어놓는 이들도 만나야 하고 그들의 이야기도 들어야 한다.

그들의 말을 잘 듣기 위해서는 내 말을 줄여야 한다. 정신줄 바짝 부여잡고 따라가려고 애써야 한다. 그들은 말을 많이 하면서 자신의 말하는 목적을 잃어버리는 경우가 많다. 그래서 중간중간 그들의 말을 정리해서 되새겨주어야 한다. 그래야 그들이 말의 흐름을 놓치지 않고 삼천포로 빠지지 않는다. 그리고 그들이 장황하게 이야기해도, 나는 단도직입적으로 말해야 한다. 본질, 핵심에 집중해야 한다. 핵심을 바로 이야기해야 한다. 이렇게 이야기하다 보면 상대방도 조금씩 정리해서 말하는 스타일로 변할 수 있다.

말 많이 하는 이들과 효율적으로 이야기하는 법을 배워야 한다. 그런 스타일은 상대방과 이야기를 주고받는 것을 잘 못 하고 자기 혼자 이야기를 끌어가려 한다. 그럴 때는 중간에 그의 말을 끊는 것도 필요하다. 산만하고 횡설수설하는 이들은 자신도 그런지 안다. 그래서 중간에 끊어주고 정리해주면 나쁠 건 없다고 생각하기도 한다. 되레 중간중간 정리해주는 것을 고마워할 수도 있다.

숫자로 이야기해주기를 요청한다. 그리고 중간에 당신이 말하려는 것이 이것이 맞느냐고 되묻는다. 상대방이 하는 말의 핵심을 압축해서 되돌려 말한다. 그리고 확인을 받는다. 그러면서 내가 정리해 나가야 한다. 그래야 혼선이 없고, 오해하지 않는다. 하겠다는 건지, 안 하겠다는 건지 한참을 이야기를 들어야 알 수 있어서, 혼동할 가능성이 있다. 그럴 수 있음을 인정하면 상대를 조금은 어렵지 않게 대응할 수 있을 것이다.

인내심을 발휘하기 어려운 시대다. 그래서 내가 인내심을 발휘한다면 더 많은 우군을 만들 수 있다. 물론 하는 말을 무조건 다 믿어서는 안 된다. 그러나 횡설수설하는 이야기 중에도 트렌드를 알 수도 있고 상대방이 내게 얼마나 도움이 될 만한 사람인지도 파악할 수 있다. 이런 이야기, 저런 이야기 다 듣다 보면 뭐라도 얻을 것이 생길 수 있다. 미리 지레짐작으로 차단할 필요는 없다. 그러므로 어렵게 말하고 횡설수설하는 사람들도 멀리하지 말고 그들의 이야기도 들어본다. 그래야 많은 가능성과 만날 수 있을 것이다.

07 안 되는 이유는 수천, 수만 가지다

일이 풀리지 않는 이유는 수천, 수만 가지다. 세상에 이유 없는 무덤이 없다. 다들 사정이 있고 이유가 있다. 그런데 누군가는 이뤄내고 누군가는 시도조차 못 한다. 그 차이는 무엇인가? 내 시선을 어디로 향하느냐에 달린 거 같다. 미루고 핑계 찾는 모습은 전부 부정적이며 안 될 가능성을 키운다. 물론 되는 이유를 찾는다고 무조건이 다 되는 것은 아니다. 그래도 매사 부정적인 거보다 긍정과 희망을 마음속에 품고 하나둘씩 되는 이유를 만들어가면 좋다.

안 되는 이유를 자꾸 말하기 시작하면 미루게 되고, 나중에는 하지 않게 된다. 일을 완성하지 못하게 하고 방해한다. 한때 영리하고 유능했던 이들이 시간이 지나면서 평범해지거나 나태해지는 모습으로 바뀐다. 왜 그리 변하는 걸까? 다름 아닌 안 되는 이유에 젖어들기 때문이다. 말만 뻔지르르하게 하는 것도 경계해야 하지만, 매사 모든 것을 부정적으로 이야기하는 것도 멀리해야 한다. 심한 부정은 의욕을 잃게 만든다. 의욕이 꺾이는 것만큼 무서운 것이 없다.

생각은 행동으로 이어지는 밑바탕이다. 그래서 생각을 잘해야 한다. 머릿속 생각이 안 되는 이유로 가득 차면 앞으로 진도 나갈 수 없다. 마음이 닫혀서 모든 것을 거부하게 된다. 물론 무조건 긍정하고 희망을 부르짖어야 한다고 말하는 것이 아니다. 냉정하게 현실을 객관적으로 바라봐야 한다. 그래야 쉽게 무너지지 않는다. 균형감 있게 움직여야 한다. 모든 일에는 되는 이유와 안 되는 이유가 같이 있다. 어느 쪽을 바라보고 의미를 부여하고 움직일지는 나에게 달려 있다. 힘들고 어려운 현실을 잘 대응하기 위해서는 되는 이유와 안 되는 이유를 같이 보는 모습이 필요하다.

앞으로 잘 나아가기 위해서 되는 이유에 집중해야 한다. 안될 이유를 체크하고 점검해서 리스크를 최소화해야 한다. 어려운 경제 상황을 감안하고 움직여야 한다. 앞으로 경제 상황은 더 안 좋아질 것이다. 불황이 장기화할 수 있음을 인정하고 사업을 꾸려나가야 한다. 될 수 있는 이유를 찾고, 없으면 만들기 위해 행동해야 하겠다. 그런 자세여야 사업을 지속해나갈 것이다.

안 되는 이유만 따지다가 아무런 행동을 하지 않으면 사업을 시작할 수 없다. 공상만 하는 이들은 제대로 자리 잡기는커녕 시작도 못 한다. 철저히 분석하고 행동으로 옮길 준비를 해야 한다. 말은 누구나 다 잘할 수 있다. 아무리 좋은 계획도 행동으로 이어지지 않으면 소용없다. 정말 좋은 상품 개발 아이디어는 많다. 그러나 실제로 상품화되어 나오는 것 몇 퍼센트가 되지 않는다. 그리고 그 상품화된 것 중에서도 사람들에게 알려지는 상품도 몇 안 된다. 그러므로 정말 행동 위주로 움직여야 한다. 그리고 항상 열린 마음이어야 된다.

현실에서
도망가지 않기

　현실 앞에 홀로 설 수 있어야 한다. 불편해도 진실을 마주보며 행동해야 한다. 그래야 내 처지를 제대로 파악할 수 있다. 내가 보고 싶은 것만 보고 듣고 싶은 것만 들으면 가짜와 만나게 된다. 진짜를 보지 못할 수 있다. 그러다가 갑자기 내몰리고 시장에서 밖으로 끌려나가게 된다. 녹록지 않은 현실을 잘 파악해야 한다. 사람들은 듣고 싶어지고 보고 싶은 것과 가까이하고 싶어 한다. 그래서 눈앞에서 일이 벌어져도 알아차리지 못하고 당한다.

　내 실수, 잘못에 대해 냉정해져야 한다. 불편해도 내 잘못을 계속 들여다볼 수 있어야 한다. 회피하거나 숨기지 말아야 한다. 사람은 누구나 잘못을 저지른다. 잘못을 숨기고 싶고 가리고 싶다. 그러나 실수와 잘못에서 배우려고 각오해야 한다. 그래야 발전할 수 있다. 실수, 실패에서 오는 고통은 메시지다. 다시 그런 일을 반복하지 말라는 신호다. 그러므로 잘못을 솔직히 인정하고 또 그러지 않도록 새롭게 움직인다.

　잘못을 창피해하지 않고 받아들여야 한다. 실패에서 얻은 교훈을 통해 비슷한 실패를 피할 수 있다. 실패를 잊어버리고 적당히 넘겨버리려 하면, 그 실패가 나를 다시 공격한다. 실패를 받아들여야 수천 번의 비슷한 실패에서 벗어날 수 있다. 고통이 생기면 도망가려는 것이 동물적인 본능이다. 그런데 최대한 침착히 자신을 성찰할 기회로 봐야 한다. 개선할 수 있도록 노력해야 한다. 고통의 이면에 담긴 많은 가치를 볼 수 있어야 한다.

우리는 남들과 같이 일할 때, 개별적으로 일하는 것보다 훨씬 효율을 높일 수 있다. 타인의 장점을 보고 배울 수도 있다. 그리고 내 잘못을 알 수 있다. 그리고 남의 지적을 잘 받아들이면 나를 성장시키는 계기가 된다. 분명 불편하고 기분이 좋지 않다. 그러나 더욱 적나라하게 까발리고 확인해야 한다. 그래야 그 과정을 통해 많이 배울 수 있다. 잘 이용하면 서로에게 지렛대가 된다. 부족한 것들을 서로 보완해 더 빨리 더 많이 성과를 낼 수 있다.

현실에서 도망가지 않고 적나라한 현실을 더 보겠다고 각오하면 더 성장할 기회를 마련하는 것과 같다. 물론 불편하고 어려울 것이다. 그러나 그런 것들을 감당할 때, 기회가 생기는 법이다. 내가 더 넓은 마음과 열린 마음으로 움직이면 다른 사람들의 모습도 보는 안목이 생긴다. 여러 관점에서 다양한 생각들과 만날 수 있다. 더욱 독립적인 존재가 되고, 더 적극적인 사업가가 될 수 있다. 지금의 현실을 조금만 비틀어서 보면 분명 다른 면이 보일 것이다.

진리는
단순한 법

군더더기 없는 본질을 보려고 애써야 한다. 밖으로 향해 있는 내 시선을 안으로 옮긴다. 뭐든 단번에 깨닫고 인생의 자세를 갖추기는 어렵다. 개방적인 태도를 보이고 차분히 공을 들이면 삶은 조금씩 나아질 수 있다. 세상의 이치, 진리를 깨닫기 위해서는 오래오래 들여다보고 알아차릴 때까지 기다려야 한다. 불교의 선문답을 통해, 본질을 꿰뚫는 것도 좋다. 형식, 양식에 얽매이지 않고 본질을 추구한다. 진짜 내가 바라는 바를 떠올린다. 내가 어떨 때 마음이 편해지는지 생각해본다. 내가 무엇을 얻을 수 있고 그것이 진짜 바라는 것인지도 생각한다.

조급한 마음을 버린다. 시간이 걸린다는 것을 인정해야 한다. 남에게 쉬운 것이 나에게는 어려울 수 있다는 것도 인정한다. 내가 가지지 못한 것에 대해 아쉬움과 서운함이 커질 수 있다. 그래도 최대한 받아들인다. 움켜쥐고 집착하다 보면 많은 편견과 고집에 빠질 수 있다. 바다에 파도가 일 때 경계에 부딪히듯 늘 여러 가지 느낌과 생각이 생긴다. 자주 바라보고 마음을 편히 먹어야 안 보이는 것이 보일 수 있다. 세상의 파도에 휩쓸리지 않고 차분히 바라볼 수 있는 안목을 갖도록 내 마음부터 정돈해둬야 한다.

넘어진 것이 도리어 복이 될 수도 있다. 안 좋은 일을 마냥 안 좋게만 생각하지 말자. 넘어지게 한 돌부리를 캐내면 다른 이들이 입을 더 큰 화를 방지할 수도 있다. 세상에 일어난 일 모두가 하나의 사건이다. 애초부터 재앙이나 복이 아니다. 그것들을 어떻게 보느냐에 따라 화가 되고 복이 되는 것이다. 어떨 때는 생각지도 못한 것들을 갑자기 알 수도 있다. 한참을 보고 봐도 못 알아보던 것들이 어느 날 갑자기 보일 때가 올 수도 있다.

온라인 사업을 하다 보면 외로워서 마음이 자주 흔들린다. 별의별 생각이 다 든다. 안 될 것 같다가도 될 때도 있다. 컴퓨터 앞에서 바쁘게 움직이다 보니, 더욱 열린 마음으로 세상과 소통해야 한다. 그래야 마음이 차분해진다. 지금 생각처럼 안 풀려도, 이 순간을 기억한다. 분명 내 사업의 역사다. 순간순간이 가치 있다. 힘들어하고 고민하는 시간이 모두, 나에게 내공이 된다. 더 큰 가치와 의미가 될 수도 있다.

내가 아집과 편견에 사로잡히지 않게 항상 반성해야 한다. 나의 꾀에 내가 넘어가는 일이 없도록 항상 유의해야 한다. 내가 화를 품고 인상 쓰고 누군가를 저주하면 그에 따라 내 사업도 흐트러지게 마련이다. 진리는 단순하며, 그 진리를 깨우치는 법도 복잡하지 않다. 그저 성실하게 착실히 자기 업에 충실히 하는 것이다. 그리고 항상 감사하게 내 업보를 떠올리며 항상 갚아나가려 애쓴다. 그럴 때 자기 업을 오래오래 지속해나갈 수 있을 것이다.

원래
쉽지 않은 법

하루하루가 쉽지 않아도 감사할 거리를 찾는다. 무너지지 않고 계속 이어나갈 수 있다는 것에 고마워해야 한다. 그래야 할 정도로 경제 상황이 안 좋다. 무던히 버틸 수 있으면 괜찮은 편이라고 생각한다. 더 낮은 자세로 조심하며 살아야 한다. 귀가 너무 얇아서 누가 말하면 금세 넘어가는 스타일은 생업보다 남에게 뒤통수 맞아서 어려움을 겪는 경우가 더 많다. 그러므로 일보다는 사람을 더 조심해야 한다. 조금만 꼬드겨도 금세 넘어가는 스타일이 자신이라면 더 신중해야 한다. 함부로 결정하지 말고 가족에게 꼭 물어보고 결정하는 것이 좋다.

앞으로 온라인 창업은 더 많아질 것이다. 오프라인 가게들이 어려워지면서 온라인 쪽으로 눈을 돌리는 이들이 늘어난다. 그만큼 경쟁이 더 치열할 거라는 이야기다. 그래서 쉽게 자리 잡기가 더 어려울 수도 있다. 코로나19 이후 비대면 사회가 더 빨리 확산되었다. 세상이 많이 변했다. 온라인 쇼핑 이용객은 더 늘었지만, 그 이상으로 셀러들의 경쟁도 더 심해졌다.

경제 충격이 오래갈 전망이다. 그래서 더욱 고정비를 줄이고 최대한 낮은 자세로 지낼 궁리를 해야 한다. 무리하게 벌렸다가 무너지면 다시 못 일어난다. 그만큼 지금 경제 상황이 안 좋다. 천천히 생각하고 조용히 지내야 한다. 현금이 없어서 곤란한 이들이 속출하고 있단다. 그러므로 더욱 신중해야 한다. 함부로 일을 크게 벌이면 안 된다. 최대한 안전을 추구해야 한다. 보수적으로 운영할 궁리를 해야 한다. 조금만 한눈팔고 조금 정신 줄 내려놓으면 그냥 큰일을 당할 수도 있다.

언제 뒤통수 맞고 언제 내몰릴지 모른다. 그래서 더욱 조심하며 살아야 한다. 온라인 셀러 이것 하나에만 목매는 건 좋은 모습이 못 된다. 필요하다면 배달 일이든 다른 일이든 뭐든 하면서 현금 창출할 수 있는 활동도 병행할 생각을 해야 한다. 다양한 활동을 하는 것이 필요하다. 그래야 자신의 기회가 올 때까지 기다릴 수 있다. 남들이 뭐라 하던 자기만의 방식을 갖춰놓는 것이 좋다. 조용히 자기만의 방식으로 잘 버티자.

굳이 나와 맞지 않은데, 다른 사람과 억지로 어울릴 필요 없다. 남과 비교하며 스스로 지옥에 갇혀 살 필요가 없다. 남들이 어찌 살든 말든 의식하지 않는다. 내가 할 수 있는 것을 충실히 하고 자신에게 더 집중하고 생업을 잘하기 위한 공부를 한다. 남에게 상처 주지도 않고 무리한 것도 바라지 않는다. 그저 자기 가치관과 소신대로 산다. 생업을 오래오래 지속할 수 있어야 한다. 그것이 최고다. 생존, 최후까지 생존하는 것이 가장 필요하다.

영원한 아군과 적군은 없다

비즈니스 세계에서든 국가 간이든 영원한 아군과 적군은 없다. 언제든지 이해관계에 따라 합쳐지고 또 갈라질 수 있다. 그것이 세상사라고 생각하는 것이 좋다. 그러므로 고집보다는 조금 유연하게 움직이는 것이 살아가는 데 도움이 된다. 부드럽고 포용하는 마음이라면 더 넓은 유대 관계와 협력 구조를 만들 수 있다. 온라인 사업에 특히나 유용하다.

일본 게임 업계가 중국 기업에 밀린다고 한다고 해서 일본은 중국에 위협을 느낀다. 그래서 중국을 멀리하고 미국 편에 서려고 한다. 일부러 중국이 꺼끄러워하는 대만, 홍콩 이야기를 자주 꺼낸다. 중국을 견제하기 위함이다. 그렇다고 항상 미국 입장에만 서 있는 것이 도움이라고 생각하지 않는다. 어떨 때는 중국에 붙어서 경제 이익을 추구하기도 한다. 일본은 항상 미국과 중국 어디에 줄을 서야 하는지를 고민하고 있다. 이런 모습을 잘 살펴봐야 한다. 어디에 줄을 서야 경제적으로 이득인지 항상 고민하는 모습이 필요하다.

온라인 사업에서도 이런 내용이 적용된다. 영원한 아군도 적군도 없다. 자기 이익에 따라 편을 먹기도 하고 갈라지기도 한다. 당연한 모습이다. 지금 좋은 관계라고 나중까지 계속 그럴 거라는 생각은 마라. 가장 가까이에 있는 이가 가장 두려운 존재가 된다. 가장 두렵고 위협적인 존재는 항상 가까이 있는 아군이었던 사람이다. 그런 이가 적이 되면 가장 무서워진다. 그래서 항상 누구와도 적당한 거리를 두고 있는 것이 좋다. 그리고 거리를 두고 있는 적과도 관계는 잘해놓는 것이 낫다. 그가 또, 아군이 될지도 모른다.

당장 불편하고 자신을 힘들게 하는 적이라면 되레 더 가까이하자. 불편하기 때문에 알아서 나를 긴장하게 해주고 또 항상 예기치 못할 상황에 대비하게 해준다. 그런 이가 적이 아니라, 되레 나를 성장시켜주는 스승일 수 있다. 나 자신을 조심하게 하고, 또 더 성실히 노력하게 자극해주는 그런 역할을 해주기 때문이다. 어떤 의미에서는 고마운 존재다. 그러므로 경쟁자나 적을 마냥 미워만 하지는 말자.

경쟁자, 라이벌이 스승과 같이 자신을 더 단단하게 만들어주는 경우가 많다. 그러므로 항상 두려워하고 거리를 두되, 의식해야 한다. 그리고 누구도 함부로 믿지 말고, 항상 좋은 의미에서 의심하고 직접 확인한다. 어떤 상황이든, 사람이든 점검하고 살피는 자세가 필요하다. 영원한 아군과 적군은 없기 때문에, 누구에게든 열린 마음을 보인다. 그래야 험난한 세상을 잘 헤쳐나갈 수 있을 것이다.

08 ― 함부로 판단하지 않기

있는 그대로 보려고 노력한다. 함부로 사람이나 상품에 대해 선입관을 갖지 않는다. 그래야 온라인 유통에서 판매자 활동하는 데에 도움이 된다. 고정관념, 선입관은 사람이나 상황을 잘못 판단하게 만든다. 좋은 기회에 가까이 가지 못하게 만든다. 온라인 유통 판매자로 지내다 보면 별사람을 다 만나고 다 겪는다. 그래서 안 좋은 일을 많이 겪을 수 있다. 그래서 경계심이 생기는 건 당연하다. 그래서 조심하는 태도는 필요하다. 그러나 선입관 때문에 기회에서 멀어지는 일은 방지하는 것이 좋다.

남의 말만 믿는 것도 좋은 모습이 못 된다. 남에게 맡기고 나 몰라라 하다가는 큰코다친다. 남에게 맡기고 신뢰하더라도 수시로 내가 직접 확인하고 점검하는 것이 필요하다. 그래야 생각지도 못한 어려움을 피할 수 있다. 최대한 현실을 잘 파악하고 있어야 한다. 막연한 희망도 경계하고 막연한 불안도 경계해야 한다. 오직 상황 자체를 냉철히 판단할 수 있어야 한다.

사람을 조심해야 한다. 일은 오판한 뒤에라도 다시 수습할 수 있다. 그러나 사람에게 상처받고 뒤통수 맞으면 그로 인한 충격을 회복하기가 쉽지 않다. 물론 상처받고 충격받는다고 사람들을 전부 의심하는 것도 좋은 건 아니다. 그래도 항상 경계하고 최대한 있는 그대로 바라보려 노력해야 한다. 균형 잡힌 생각이 필요하다. 그래야 언제든 초기화하고 새로 시작할 수 있다.

온라인 셀러로 지내면서 남들에게 사기당하지만 않아도 온라인 판매자로 지내는 것이 절반 이상은 안전해진다. 함부로 사람의 말에 기대를 걸고 돈을 투자하는 일은 없어야 한다. 좋은 물건을 싸게 준다는 말에 덥석 돈부터 보냈다가 물건은 못 받고 돈만 떼이는 일이 비일비재하다. 그래서 자기 나름의 원칙을 세우고 그 원칙을 지키며 일해야 한다. 물건을 받기 전에 돈부터 주는 일은 없어야 한다.

그리고 너무 말을 청산유수처럼 하는 이도 경계한다. 선입관은 멀리해야 하지만 그렇다고 확인하고 점검하는 과정을 생략해도 된다는 말이 절대 아니다. 경제적으로 궁지에 몰리면 남의 사정 따위는 나 몰라라 하며 사기 치는 이들이 너무 많다. 뻔뻔하다. 당한 이가 바보라는 인식이 있다. 그래서 더욱 사람 조심해야 한다. 돈에 관련된 건 철저히 보수적으로 접근한다. 그리고 업무에서는 어떤 이야기도 듣고 또 귀를 열어둔다. 선입관을 최대한 갖지 않으려고 애쓴다. 그래야 온라인 유통에서 많은 가능성과 접할 수 있다.

스스로
공부하기

전문가라고 불리는 이들의 말은 안 믿는 것이 좋다. 한국 사회에서 전문가라 불리는 이들 중에 상당수는 이해관계나 기업에 포획되어 그들의 입장에서 말하는 경우가 많다. 그러므로 함부로 전문가라 지칭되는 이들의 말에 넘어가지 마라. 자신의 인기 팔이와 업계 이해관계에 맞는 말만 한다. 그들은 입으로 먹고사는 영업 팔이들이다. 그러므로 그런 것에 끌려다니다가 당하는 경우가 많다. 오히려 자기 스스로 공부하며 확인하는 것이 훨씬 안전하고 도움이 된다.

함부로 덜컥 믿고, 잘못된 판단을 하면 큰 피해를 볼 수 있다. 투자하란 말에 돈부터 요구하면 거의 90% 이상 가짜라고 보면 맞다. 조급하게 서둘러라고 재촉해도 의심해야 한다. 뭐든 서둘러서 일이 잘되는 경우란 없다. 특히나 자신이 잘 모르는 분야에서 서두르면 당하는 것이 거의 99%다. 그러므로 직접 확인하며 자신이 결정을 내린다. 남의 말을 믿고 정한 결정이 제대로 될 리 없다. 남의 말은 철저히 참고하는 정도로만 삼는다. 내 일은 내가 가장 잘 알아야 한다. 그리고 모르는 건 아예 하지 말아야 한다.

남에게 의지하며 움직이다가 앞길이 끊기면 그냥 막힌다. 다음에 어떻게 움직여야 할지 판단이 안 선다. 누가 대신 알려주면 좋겠는 것이, 그런 자상한 선생 따위는 없다. 세상은 학교가 아니다. 자신이 모르면 그냥 그곳에서 바보이고 호구가 된다. 비판과 확인, 점검 없이 전문가라는 사람의 말만 믿고 결정권을 다 넘기면 그냥 그가 이끄는 대로 끌려다니는 노예가 된다.

정말 간절한 마음으로 공부하며 배워야 한다. 절박함이 살길을 열어줄 것이다. 대충 적당히 남의 말 믿고 움직였다가 되는 경우란 거의 없다. 그리고 남의 말에 성공하게 되면 나중에, 더 큰 화를 만나게 될 수도 있다. 언제든 조심하고 또, 확인하는 자세를 가져야만 삶과 사업이 위험해지는 것을 피할 수 있다. 단숨에 이룰 수 있는 건 없다. 뭐든 차근차근 밟아 나가야 한다. 스스로 공부하고 또 배우면서 한 걸음 한 걸음 내디뎌야 한다. 그래야 만들어진다.

어디가 진짜 내 삶의 터전이 될지 모른다. 그래서 더욱 두 눈을 부릅뜨고 더욱 열심히 찾아야 한다. 길이 없으면 내가 그 길을 만들어야 한다. 이렇게 불확실하고 엄청난 일인데, 남의 말만 믿고 결정할 수 있는가. 절대로 그래서는 안 된다. 스스로 결정하고 책임져야 한다. 부지런히 자신의 시간을 쌓아가고 자신의 생업을 나아지게 노력해야 한다. 남이 아닌 내가 그리 노력해야 한다. 요행을 바라고 쉬운 길을 바라면 그것이 지옥으로 가는 길이 된다. 조금이라도 방심하고 나태해지면 악마가 끼인다. 함부로 마음을 내려놓지 마라. 정말 큰 일 난다.

극도로 조심하기

지금 눈앞에 놓인 일에 몰입해야 한다. 다른 생각을 가질 겨를이 없다. 쓸데없이 다른 데 기웃거리지 않는다. 쉽게 돈 벌 궁리하지 않는다. 그리고 쉽게 내 속내를 남에게 드러내지 않는다. 조용히 지루하게 산다. 그래야 안전해질 수 있다. 함부로 내 사정을 남

24년 차 이커머스 MD가 말하는 **온라인 마켓, 매출 100억 비밀 노트**

에게 말했다가는 그것이 내가 공격당하는 빌미가 될 수 있다. 어떻게든 남의 속마음을 알아내어서 그들을 자리에서 끌어내리려고 수작 부리는 이들이 많다. 그런 악인들을 경계해야 한다. 최대한 외롭게 지내고, 어울리는 자리에서도 말하기보다 듣는 쪽을 선택한다.

관련 업계 종사자들과 모임에서도 말조심을 해야 한다. 앞에서는 위해주는 척하지만 돌아서면 서로 끌어내리려고 난리다. 모두 경쟁자라고 생각해야 한다. 내가 한 말이 나를 위협하는 큰 곤경이 될 수 있다. 말이 많은 세상이다. 남이 잘못되면 내게 기회가 온다고 생각하고 언제든 뒤통수칠 생각만 한다. 경제적 전시 상황이다. 경쟁자를 내치려고 수단과 방법을 가리지 않는다. 조금만 대화 해보고, 느낌이 이상하다 싶으면 그냥 멀리한다. 성향이 다르면 대화 자체를 자제하는 것이 낫다.

갈등 조장하고 약점 찾아서 그것을 핑계로 돈을 요구한다. 그런 일이 흔하게 벌어지는 일이다. 변호사들만 일이 많다고 비명 지를 정도다. 실물경제는 얼어붙고 사람들 간의 불신은 더욱 깊어지고 있다. 사기 치고 조작하는 쓰레기 막장 인간들이 너무 늘어나고 있다. 전부 자기들 밥그릇 싸움뿐이다. 요즘은 이상한 사람들이 많아서 괜한 봉변을 당할 수도 있다. 그저 나는 잘 모른다. 나는 관심이 없다고 말하는 것이 최고다.

남에게 약점 잡히지 않도록 조심해야 한다. 많은 사기꾼과 업자들이 우리 가까이에 있다. 나라도, 기업도, 관련 업계 종사자도, 가까운 친구도 항상 내 뒤통수를 칠 수 있다. 그리 생각하는 것이 차라리 편하다. 아무도 믿지 않고 의심하고 확인하는 것이 되레 나와 내 일이 안전해지는 대책이 된다. 꽤 많은 사람을 그냥 이용할 대상으로 보는 세상이다.

식탁 물가는 천정부지(天井不知)로 오르고 있다. 서민들은 아무런 저항, 반항 없이 그냥 수용해야 한다. 영세 사업자들도 마찬가지다. 원가가 오른다고 판매가를 마냥 올릴 수 없다. 중간에서 끙끙대며 감당한다. 그러다가 언제 무너질지도 모른다. 다른 대안이 없다. 어떻게든 허리띠 졸라매고 잘 버틸 궁리를 해야 한다. 온라인 유통 시장의 현실을 잘 파악하고 함부로 신규 투자하지 않아야 한다. 정말 신중히 결정해야 한다. 말도 행동도 조심해야 한다. 아무도 나를 지켜주거나 도와주지 않는다. 그러므로 더 조심하며 살아야 한다. 살아남는 길은 오직 그뿐이다.

자리 지키는 것이
최우선

지금 우리네 경제 상황은 매우 어렵다. 점점 더 어려워지고 있다. 이것이 현실이다. 정부가 국민을 지켜주지 않는다. 전기세, 가스비, 지하철요금, 버스비 등 천정부지로 치솟는다. 그래서 유통 판매들의 원가 부담이 더 커진다. 사업자 대출도 내기 어렵다. 이미 빚진 이들이 너무 많다. 빚의 굴레에 빠지면 하층민으로 살 가능성이 크다. 이것이 앞으로 꽤 오랫동안 벌어질 일이다. 그래서 더 조심하며 지내야 한다. 경제적 생존을 고민해야 한다.

사업하면서 만나는 이들 중에도 사기 치는 양아치들이 엄청 많다. 고객 중에서도 뜯어먹고 이용하려는 이들이 많다. 그래서 항상 대비하고 조심하며 지내야 한다. 함부로 약속해서도 안 되고 보상해주어도 안 된다. 온라인 유통에서도 온갖 일들이 벌어진다. 그래서 타인에 대한 공포, 혐오가 극심해진다. 양극화되고 계급사회가 더 심해지기 때문이다. 점점 사람들 간의 거리가 멀어진다. 타인에 대한 경계가 심해진다. 먹고사는 것이 힘들다고 남을 상대로 극악한 짓을 서슴없이 저지른다.

요즘 개인정보를 털어서 사기치는 일이 너무 흔하다. 그래서 남에 대한 두려움이 더욱 강해진다. 조금만 흠이 있어도 그것을 빌미로 고소, 고발하고 합의금 뜯어내겠다고 수작을 부린다. 이것 또한 사회 현상이므로, 온라인 판매업을 하는 데에 고려할 부분들이 많을 것이다. 판매한 상품에 관련된 클레임을 이용해서 돈을 요구하는 일이 비일비재해질 것이다. 경제가 안 좋아지면서 양아치 고객들이 그런 짓을 많이 벌이는 것이다.

겉으로 뻔지르르한 모습을 보이며 나타난다. 좋은 상품으로 고매출을 낼 수 있다고 현혹한다. 그러면서 투자하라고 분위기를 조장한다. 돈이 없으면 빚내라고 한다. 그리고 나 몰라라 한다. 경제적 살인마들이다. 그런 이들이 우리 주변에 너무 많다. 사방에 널려 있는 놈들 상당수가 사기꾼들이다. 유튜버, 경제전문가, 교수라며 떠들어대는 이들을 더 조심해야 한다. 그들에게 잘못 걸려들면 목숨까지 내어놓아야 할 수도 있다. 사업하면서 좋은 아이템 있다. 싸게 주겠다며 접근하는 이들을 절대 가까이하면 안 된다.

이제는 낯선 사람들과의 교류를 철저히 유의하며 참여해야 한다.

뉴페이스와 어울려 사업 상담 잘 못 했다가는 뒤통수 맞는다. 너무 많이 사기 치고 사람들을 경제적으로 몰락시킨다. 그들은 사기 치고 범죄 저지르는 것이 생활이다. 그러므로 항상 자신의 생존을 최우선으로 생각하고 남을 경계해야 한다. 앞으로 가장 중요한 건 자기 생업을 지키는 것이다. 이제 아무도 개개인의 삶을 책임져주지 않는다. 되레 개인을 등쳐먹으려는 이들뿐이다. 최대한 말을 줄이고 땀 흘리며 일하는 데에 집중해야 하겠다.

사람 조심, 돈 조심

사람 만큼 무서운 존재가 없다. 경제적으로 추락하면 다른 사람들이 나를 도와주지 않는다. 되레 더 짓밟고 뒷이야기를 하며 조롱한다. 끝까지 더 떨어지라고 발길질하는 것이 가까운 사람들이다. 남의 불행을 되레 즐기고 더 떠들어댄다. 만만해 보이면 위로하고 도와줄 것처럼 굴면서 계속 괴롭힌다. 약자들에게는 강하고 강자들에게 비굴하게 구는 쓰레기 인간들이 많다.

그래서 사는 것이 힘드냐고 물으면 잘 산다고 이야기하고 곧바로 차단하는 것이 낫다. 삶이 어렵다. 괴롭다면서 연민을 호소하고 도와달라고 말하는 이는 손절해야 된다. 말로는 힘들다고 이야기하며 남의 사정을 듣고 이용할 수작을 부리는 인간 쓰레기일 가능성이 있다. 그래서 항상 내 이야기를 줄여야 한다.

돈도 지켜야 한다. 함부로 돈을 내놓아서는 안 된다. 남에게 내 돈을 건네주는 순간 그 돈은 내 것이 아니라 그 사람의 것이 될 가능성이 크다. 그러므로 내 돈을 피 같은 돈이라고 여겨야 한다. 돈은 내 목숨줄이다. 힘든 위기에 단돈 만 원, 2만 원도 크게 작용한다. 그러므로 절대로 내 돈을 내주지 않아야 한다. 어떤 유혹을 해도, 없다고 하며 내놓지 않아야 한다.

지금 상황이 아주 어렵다면 정신 바짝 차리고 살아야 한다. 그리고 자존심 부리지 말고 철저히 현실을 더 받아들여야 한다. 최대한 타인과의 관계도 축소하고 오직 일에 집중한다. 그러면서 불필요한 관계도 정리하고 돈을 버는 모습으로 집중한다. 힘들 때는 되레 외로움을 당연하게 받아들인다. 외로운 것이 낫다. 어설프게 사람들과 어울려서 위로받을 생각했다가 더 당하게 된다.

살려고 발버둥치는데, 되레 주변에서 더 잔인하게 짓밟으며 못 올라오게 하는 일도 많다. 그래서 인생을 포기하는 이들도 많다. 그러므로 스스로 강해져야 한다. 절대로 만만하게 보여서는 안 된다. 더 착실하고 더 단단해져야 한다. 남이 함부로 내게 굴지 못하게 깐깐해져야 한다. 그리고 내 주머니에서 돈 나가는 거 조심해야 한다. 또한 천천히 오래오래 잘 일할 생각을 한다. 시간이 오래 걸려도 된다. 몰락하지만 않으면 괜찮아질 수 있다. 사람을 조심하고 돈을 우습게 생각하지 않으면 나아질 길은 분명 온다.

09 서두르면 당한다

우리네 삶은 생각보다 길고 지루하다. 금방 바뀌고 금방 이뤄지지 않는다. 그러므로 오랜 기간을 견뎌야 한다. 긴 시간을 견디면서 무언가를 만들기 위해 애써야 한다. 밑바닥으로 추락한 이들도 절박하게 노력하며 시간을 들이면 나아질 수 있다. 그러므로 절대 희망을 버리지 않아야 하겠다. 오래 걸린다는 것을 인정하고 지내야 한다. 그래야 포기하지 않는다. 간절한 마음으로 살아가지만, 시간이 제법 걸린다는 것을 받아들이면 기다릴 수 있을 것이다.

위로 올라가는 데는 시간이 오래 걸려도 추락하는 데는 금방이다. 그러므로 더욱 여유를 가져야 하고, 하나둘씩 축적하는 자세가 있어야 한다. 바닥부터 시작해서 차근차근 축적해둬야 밑바탕이 단단해질 수 있다. 바닥부터 시작하면 되레 더 강해질 수 있다. 바닥의 공기를 잘 느끼고 겪어야 한다. 그것들이 다 우리에게 피와 살이 된다. 경험이 축적되고 삶의 지혜가 쌓이면 강해지는 건 당연한 일이다.

남들이 말하는 대박, 쉽게 매출 내는 법 등에 눈길을 주지 마라. 그랬다가는 쉬운 길, 비정상적인 모습에 젖어들기 쉽다. 한번 젖어들면 절박하게, 열심히 일하는 태도를 다시 갖추기 어렵다. 그리고 진짜 쉽게 좋아지지 않는다. 금방, 단숨에 이뤄내는 성과는 그저 신기루와 같고 마약과 비슷하다고 보면 된다. 매출이 나는 거 같다가도 추락하면 걷잡을 수 없이 무너진다. 우연히 온 성과는 금세 사라질 수 있다.

지금 잘 된다고 여유 부리고 거드름 피우다가 갑자기 시장이 안 좋아지면 곤경에 처할 수 있다. 생각지도 못한 어려움이 사업 전체를 몰락으로 끌고 갈 수도 있다. 그러므로 항상 조심하고 낮은 자세로 지내야 한다. 오래오래 버티고 잘 견디겠다는 각오를 해야 한다. 서두르고 조바심내면 언제든 시장 상황에 끌려다니거나 다른 사람에게 당할 수 있다. 세상에서 별일을 다 겪을 수 있다. 이상한 사람 많다. 그래서 항상 사람 조심해야 한다. 잘못 만나면 사는 것이 지옥이 된다. 사기라도 당해서 돈을 잃으면 그 데미지는 너무 크다.

지금 뜻대로 잘 안 풀리고 일이 힘들다면 잘 되기 위해 어려운 과정을 겪고 있는 거라고 생각해라. 절대 힘든 경험이 사라지지 않는다. 온전히 자기 힘으로, 하나둘씩 극복하고 헤쳐나가겠다고 다짐하고 행동하면 분명 길은 열린다. 자신의 재능을 키우는 데에 평생 시간 투자하고 평생 이 분야에 머물며 상품을 판매하겠다고 각오해라. 그리고 평생 그곳에서 활동해라. 그러면 길은 만들어질 것이다.

핸디캡은
자산

　나의 약점이 어느 날 강점이 될 수 있다. 약점은 가리고 싶은 부분이다. 드러내고 싶지 않다. 그러나 그 약점이 우리네 인생을 잘 다듬어나가게 만드는 브레이크의 기능을 한다. 나의 약점이 나를 함부로 날뛰지 않게 해준다. 과시하거나 욕심부리지 않게 해준다. 자신을 스스로 절제하게 만든다. 사업을 잘되고 하는 일마다 성과가 나오면 자기 능력을 과신하게 된다. 나도 모르는 사이에 교만해질 수 있다. 쉽게 욕심이 생길 수 있다. 그러나 뜻대로 안 되고 자꾸 꼬이면, 자신을 되돌아보고 반성하게 된다. 그러므로 약점을 너무 싫어하지 않아도 된다. 핸디캡이 더 열심히 살게 만드는 계기가 될 수도 있다.

　산다는 것이 쉬운 일로 가득 차면 좋겠지만 그렇지 않다. 그래서 더 정성을 들인다. 하나둘씩 다듬어가다 보면 어느 날 길이 열릴 수도 있다. 그리 믿으며 하루하루를 지내야 하겠다. 물론 결과가 곧바로 나오지 않아 아주 답답하고 괴로울 수 있다. 당연한 모습이다. 어떨 때는 내 노력과 정성이 부정당하는 일도 많다. 인정을 못 받는 일이 기분 좋을 리는 없다. 그러나 그런 느낌과 경험들이 더 차분하고 단단하게 지낼 밑거름이 된다. 뜻대로 안 된 일이 도리어 좋은 일일지도 모른다.

　온라인 유통 채널에서 행사를 했는데, 매출이 나오지 않으면 당연히 고민한다. 그리고 나와 비슷한 상품을 판매하는 경쟁자들이 어떻게 잘 판매하는지를 보게 된다. 그리고 그 경쟁자의 강점을 엿보며 내 부족한 부분이 무엇인지 찾으려 애쓰게 된다. 당연한 모습이다. 뜻대로 안 되기 때문에 절박해지고 더 공부하게 되는 것이다.

내가 잘 나든 못 나든 온라인 유통업계는 계속 흘러간다. 시간도 흐른다. 그리고 어떤 이들은 꾸준히 활동하고 어떤 이들은 못 버티고 떠난다. 누구나 쉽게 잘 안착하고 싶어 한다. 그러나 다 안착하지 못한다. 대다수는 떠나고 극소수만이 남는다. 그리고 그 소수 중에서 또 일부가 성과를 낸다. 평생 머물겠다는 각오로 지내면 잘 되는 때와 만날 수 있을 것이다.

보통 사람들은 계산한다. 계산에 계산을 거듭한다. 그러면서 손해 보지 않으려 한다. 자기 뜻대로만 되면 손해를 볼 리가 없다. 그러나 자기 뜻대로 세상이 흘러가지 않는다. 그래서 금세 실망하고 포기한다. 그러나 실망, 절망을 넘어서는 이들은 한 단계 위로 올려다본다. 그리고 내 생각이 전부가 아님을 인정한다. 그리고 다른 이들을 보고, 다른 생각을 수용한다. 바람대로 흘러가지 않는 상황을 수용하고, 힘들지만 헤쳐나가려고 마음먹는다. 상황 상황을 다 되짚어 보고 점검한다. 그러면 아주 더디게 나아진다. 나를 받아주지 않는 이 세상에 복수할 수 있다.

땀은
배신하지 않는다

성실히 자기 일에 최선을 다하면 그 분야의 고수가 되는 건 당연하다. 그리고 그 일이 인생을 오래오래 보장해줄 것이다. 그럴싸하게 보이는 것들은 대부분 가짜일 가능성이 크다. 그보다는 자신이 직접 체험하고 경험하는 자기만의 일이 진짜다. 자기 상품을 갖겠다고 땀 흘리면 분명 보상받을 것이다. 자신이 흘린 땀만큼 고수가 되어서 시장을 두려워하지 않고 삶을 잘 지켜나갈 수 있을 것이다. 온라인 유통에서 그 누구보다 더 땀을 흘리겠다고 각오하고 움직이면 좋아진다. 원하는 길로 갈 수 있다.

양심적으로 살면 속도가 더딜 수 있다. 그래도 양심을 지키는 것이 어디에서 일하든, 장기적으로 이롭다. 왜냐면, 양심을 팔면, 나중에 다른 것들도 팔 수 있기 때문이다. 양심을 팔았는데 다른 것을 못 팔 리 없다. 결국은 삶 자체가 피폐해져서 인생 전체가 초라해질 수 있다. 우리는 각종 부정부패, 비리 뉴스를 충분히 본다. 수많은 정치인이 뇌물로 처벌받는 모습, 또 각종 금품수수 등으로 자살을 선택하는 정치인들 등 우리는 무수히 많은 사례를 목격하며 산다. 그들의 모습을 보며 잘 깨우쳐야 한다. 온라인 유통에서도 편법으로 잘 되기를 바라기보다 묵묵히 자기 힘으로 올라간다. 그것이 안전한 길이다.

쉬운 길에 젖어 들면 정상적인 삶을 살기 어렵다. 이미 너무 쉽게 돈을 벌 수 있을 거라는 유혹에 물들어서 빠져나오기 어렵다. 각종 이권을 행사할 수 있는 자리에 있는 이들은 유혹, 욕심에 쉽게 노출된다. 그들이 조금만 지름길로 들어서고 싶다는 마음만 내비치면 사기꾼들, 업자들이 달라붙는다. 그 유혹, 욕심에 자신을 맡기는 순간, 다시는 헤어나기 어려운 고통에 빠지게 된다. 조심해야 한다.

주변에 보이는 많은 겉멋 든 사람들보다 묵묵히 자기 자리를 지키는 이들이 훨씬 인생의 고수이고 또 경제적으로도 넉넉한 경우가 많다. 거리에 허름해보이지만 오랫동안 가게를 열고 자리 잡은 이들은 모진 풍파를 다 견디고 겪고 살아남은 이들이다. 이들은 적게 벌어도 흔들리지 않고, 많이 벌면 또 아끼고 저축하고 적게 벌면 감내하면서 오랫동안 삶을 잘 지켜온 이들이다. 이렇게 그들은 저축해서 집도 사고 자식들 교육도 하고 또 나이 들어서도 누구에게 굽신거리지 않고 또, 자기 장사를 해나간다.

그러므로 지금 하는 일이 적성에 맞고 천직에 가깝다는 생각이 들면 남들보다 1시간 정도 더 시간을 투자하는 것이 좋겠다. 누군가에게 잘 보이기 위함이 아니라, 나 스스로 나의 역량을 키우기 위한 투자, 노력이라고 생각하자. 그리고 그 시간은 평소 자신이 부족하다고 생각했던 분야에 대한 투자다. 이렇게 1시간씩 관련된 서적 독서를 하든, 유튜브 강연을 듣는다. 그러면 어느 날 더 세련된 고수가 되어 있는 자신을 발견하게 될 것이다. 땀은 우리를 배신하지 않는다. 다 남는다. 그리 생각하고 움직이는 것이 좋다.

독서는
배신하지 않는다

사이토 다카시(さいとうたかし)의 책을 찾아 읽었다. 그는 강연, 상담, 책 쓰기, 문학, 역사, 철학, 교육 심리학 등에 방대한 지식을 가진 사람이다. '매일 책 읽기'를 생활화하며 사는 그는 독서하는 동안 생각하는 힘, 유연성을 기를 수 있다고 했다. 독서를 통해 일과 삶 양쪽에서 균형 잡힌 시각을 가질 수 있다고 주장했다. 그리고 눈앞의 일에 치우치지 않고 중요한 결정을 잘할 수 있도록 돕는 힘이 독서에서 나온다고 했다. 동의한다. 남들보다 더 많은 시간을 들여 책을 읽고 일과 삶에 적용하고 행동하면 분명 도움이 될 것이다.

크고 작은 실패로 자신감을 잃고 방황하는 사람들에게 독서가 더욱 필요하다. 독서는 숨겨진 가능성을 찾게 돕는다. 어제보다 더 나은 모습으로 살고 싶은 욕망을 가졌다면 기꺼이 독서를 생활화해서 나의 온라인 사업에 적용할 궁리를 해야 한다. 치열한 독서를 통해 내공을 쌓고 위기에 쉽게 흔들리지 않는 태도를 보인다. 물론 책 안의 생각들을 무조건 수용해서는 안 된다. 현실 세계와 괴리가 있을 수 있다. 온라인 유통은 매일 시시각각 변한다. 그래서 그 차이도 인정해야 한다. 책 속의 이야기와 현실의 차이를 살피며 격렬하게 부딪히고 싸워나간다. 그리고 새로운 자기 것으로 탈바꿈시킨다.

어지러운 세상에서 온라인 사업을 하며 잘 지내기 위해 독서를 활용한다. 사람들의 마음은 항상 오락가락한다. 온라인 사업을 하며 슬럼프에 빠져 헤어나지 못하는 경우가 많다. 그럴 때 독서가 우리를 다시 일으켜 세우고 다시 시작하게 돕는다. 인생의 어려움, 고충을 겪고도 그것들을 이겨내는 많은 위인과 평범한 이들의 이야기가 책 속에 있다. 그들의 이야기에서 용기와 희망을 찾을 수 있다. 앞으로 나아갈 수 있다. 지금 당장 힘들고 괴로워도 또 살아간다. 하루하루 버티는 힘, 이겨내는 힘을 독서로 만들어낸다.

독서는 돈과 시간을 가장 잘 절약할 수 있는 유용한 수단이다. 혼란스럽고 눈앞의 상황에 신경 쓰다 보면 머리가 굳어질 수 있다. 새로운 생각하기 어렵다. 그럴 때, 책을 펼치면 새로운 생각들과 만날 수 있다. 그리고 새로운 생각들과 싸우다 보면 내 머리가 말랑말랑해질 수 있다. 고정관념, 편견에서 깨어날 수 있다. 더 활발하게 움직이는 자극제가 될 수 있다.

온라인 판매일을 하는 일상은 매우 지루하다. 사업이 잘 안 되어, 갑자기 나락으로 떨어질 때도 있다. 그러므로 다른 사람의 생각이 담긴 책을 더욱 읽어보는 것이 좋다. 누가 그랬다. 가장 힘들고 어려울 때가 가장 공부하기 좋을 때라고, 책 읽기가 좋은 때라고 했다. 그 말이 맞는다면 우리에게 지금이 열심히 책을 읽어야 할 시기다. 책에서 위로도 받고 격려도 받자. 적어도 책은 배신하지 않는다. 미친 듯이 책을 읽자. 그러면 내 삶이 더 내공이 세어질 것이다.

남의 말에
무너지지 않는다

세상은 먹느냐, 먹히느냐다. 속고 속이는 복마전이다. 그래서 정말 조심스레 앞으로 한 발, 한 발 내디뎌야 한다. 그렇지 않으면 위험해질 수 있다. 배신이 일상적으로 일어난다. 사람들은 언제든 자기 이익을 위해 배신한다. 신의 따위는 없다. 정말 신뢰하고 믿을 만한 사람은 극소수다. 그래서 함부로 남을 믿지 말아야 한다. 사업 초기에 사람에게 당해서 어려워지면 그만큼 힘든 것이 없다. 힘들어하고 어려워할 때, 속을 내보였다가 그것이 다른 사람들의 먹잇감이 되는 빌미가 된다.

망하고 몰락하면 아무도 봐주지 않는 유령이 된다. 돈 없고 능력도 없으면 세상을 떠도는 유령 신세가 된다. 아무도 나를 봐주지도 않고 인정해주지도 않는다. 그래서 종종 서럽기도 하고, 억울하기도 하다. 물론 그렇다고 사람을 아예 안 만나거나 차단해서는 곤란하다. 더 애쓰고 더 땀 흘리며 나 자신을 지켜나가야 한다. 함부로 남에게 나를 드러내 보이지 않는다. 조용히 조심하며 산다. 남이 하는 말에 쉽게 놀아나지 않는다.

스스로 일어서고 스스로 결정해야 한다. 남의 평가에 자신을 과소평가해서는 안 된다. 남들이 과대평가하는 말에 우쭐해서도 안 된다. 개의치 않는다. 스스로 일어선다. 힘들고 어렵다. 막막하다. 앞이 안 보인다. 더 추락할지도 모른다. 그래서 더욱 스스로 힘내야 한다. 아무도 힘이 되어 주지 않는다. 나 자신이 스스로 힘이 되어 줘야 한다. 더 오래 걸리고 더 힘들어도 포기하지 않아야 한다. 그래야 앞으로 나아갈 수 있다.

배신당하는 일은 차고 넘친다. 남을 믿기보다 나 자신을 믿어야 한다. 낙오자라는 낙인이 찍혀 있다 해서 인생이 끝나는 거 아니다. 내 노력과 정성을 계속 쏟으면 괜찮아질 수 있다. 너는 안될 거라는 남의 말에 놀아나서 나 자신을 포기해서는 안 된다. 내 인생은 내가 바꿀 수 있다. 불만만 쏟고 자책한다고 세상이 바뀌지 않는다. 오직 내가 변해야 바뀔 수 있다. 세상은 못 바꾼다. 조직도 못 바꾼다. 내가 바꿀 수 있는 것은 나 자신뿐이다. 나를 스스로 책임진다.

끝까지 가면 알게 될 것이다. 누가 옳았고 누가 틀렸는지를. 그리고 내가 나를 포기하지 않으면 나중에 내가 잘 되어 있을 것이다. 될 것이다. 혹시라도 끝까지 갔는데 원하는 모습이 아닐 수도 있다. 그래도 끝까지 갔다면 무엇이 되었든 축적되어 있을 것이다. 끝까지 가기만 하면 나를 제대로 평가할 수 있을 것이다. 계속 가본다. 10년, 20년 뒤에 어떻게 되어 있을지를 기대해본다.

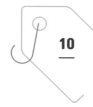

10
아군 vs 적군, 사람 관계를 잘 정리해야 한다

    함부로 남을 믿으면 안 된다. 왜 이렇게 과민 반응하느냐, 사람을 의심하고 그러냐, 이렇게 이야기하는 사람도 있다. 이렇게 말하는 이들은 사람이 얼마나 무서운지 겪어보지 않아 이렇게 말하는 것이다. 당해본 이들은 안다. 사람만큼 믿지 못할 짐승은 없다는 것을. 사람 관계가 힘들고 어려우면 잠깐이라도 조용히 혼자 있는 시간을 갖는 것이 좋다. 자랑하고 과시하고 드러내는 인간들은 그냥 멀리하는 것이 이롭다. 과시하는 이들 중에 사기꾼이 아닌 이를 찾기 어렵다. 사람들과 무난하게 잘 지내면 좋지만, 그것이 어려우면 그냥 혼자 있는 것이 낫다.

    자식 자랑하고 재산 자랑하는 양아치는 피하는 것이 답이다. 조금이라도 있는 척하고 우위에 서려고 하는 이들은 안 보는 것이 낫다. 가족, 친척, 친구, 지인 등 사람 관계도 잘 정리해야 한다. 이들과 잘못 엮여서 사업을 하게 되면 순식간에 개판 된다. 가족들끼리 칼부림하는 일이 생길 정도로 요즘 세상은 엉망이다. 자랑질하고 훈수 두고 무시하니 엉망이 되는 것이다.

　일본의 살인 60% 이상이 가족 내 살인이다. 그런데 한국도 점점 그런 일본을 닮아가고 있다. 목포 사람들이 제일 증오하는 이들은 광주 사람이다. 부산 사람들은 제일 싫은 사람들이 창원 사람, 마산 사람이다. 울산은 제일 싫은 이들이 부산 사람이다. 전라도 사람들이 경상도 사람 싫어하는 것이 아니다. 가장 가까운 이들을 더 싫어하고 증오한다. 옆에 있는 동네 사람들을 증오하고 싫어한다.

　사람 때문에 받는 상처가 너무 많다. 그래서 최대한 사람들을 직접 만나는 것을 신중히 생각하는 것이 좋다. 온라인 사업에서도 아무나 만나고 대면하다가 곤욕스러운 일을 겪을 수 있다. 말도 조심해야 한다. 내가 말이 많다고 생각되면 말을 철저히 줄이려고 노력해야 한다. 그것이 안전하고 건전하게 사는 길이다. 이렇게 살면서 나의 일에 집중하는 것이 좋다. 자기 일에서 보람 느끼고 희열을 얻으면서 자신을 발전시키는 것이 낫다. 일에서 가끔 벗어나 쉬고 싶을 때는, 독서와 운동 등 건전한 활동으로 외롭게 사는 것이 낫다.

　정말 평생을 볼 몇 명의 지인 외에는 굳이 관계를 넓히지 않아도 괜찮다. 내 능력을 키워서 잘 되면 인맥은 자연스레 생긴다. 언제든 생겼다가 없어졌다 하는 것들이다. 그러므로 너무 중요시하지 않아도 된다. 다른 사람과의 관계보다 내 능력을 기르는 것이 먼저다. 내 능력을 키워둬야 제대로 살 수 있다. 험한 세상을 잘 헤쳐나가며 살기 위해 사람 조심이 최우선이다. 온라인 사업이든 뭐든 사람이 중요하다. 사람을 가려서 가까이해야 한다. 그것이 살길이다.

약점 잡아
돈 뜯는다

사람들 주머니가 가벼워지고 있다. 그래서인지 사람들 약점을 잡아서 돈을 뜯어내려고 혈안인 이들이 많다. 미투를 핑계로 이성 간에 합의금을 요구하는 일이 많아지고 있다. 부동산 분양 사기도 기승을 부린다. 가장 가까운 사람부터 뒤통수쳐서 한몫 잡으려고 난리다. 그래서 가까운 사이에도 더욱 말조심하고 행동도 조심해야 한다.

정상적인 영업으로 경쟁이 안 되니 조금이라도 약점이 보이면 그것을 악용해서 경쟁자를 무너뜨린다. 고객 후기를 이용해서 제품을 비방하고 문제가 있다는 식으로 사진을 도배해서 돈을 뜯는 이들도 있다. 사소한 것도 악성 고객, 블랙 컨슈머들은 돈벌이로 이용한다. 상품권이든 현물이든 가리지 않고 받는다. 병원 치료비나 위자료 등 명목은 만들기 나름이다. 그런데 온라인에서는 고객 후기나 평점이 큰 영향을 미치니, 어쩔 수 없이 그들의 무리한 요구를 일정 부분 들어주는 일이 비일비재하다.

법은 멀리 있고 주먹은 가깝다는 말이 딱 맞다. 당장 고객들의 마음을 잃어버리지 않기 위해 상대방이 부당한 요구를 해도 그 놀이에 안 엮이기가 쉽지 않다. 시시비비를 가리고 난 다음에, 문제없다고 밝혀져도 이렇게 옳고 그름을 판가름하는 시간에 고객들이 다 떠나버릴 수 있기 때문이다. 우리는 과거에 공업용수지 기름으로 만든 라면이라는 이슈로 모라면 회사가 망가진 것을 알고 있다. 쓰레기 만두, 이 명칭 때문에 한동안 사람들이 만두를 멀리했다.

최대한 구설수에 엮이지 않고 사업하는 것이 가장 나은 모습이다. 그런데 내 뜻대로 되지 않는다. 사업을 하면서 아군도 생기고 적도 생긴다. 그런데 큰 문제가 생기는 것은 과거에 아군처럼 가까웠던 사람에게서 비롯되는 경우가 많다. 가장 가까이 있었기에 좋고 나쁜 것들을 너무 잘 아는 탓이다. 그러므로 항상 누구를 만나더라도, 할 말과 하지 말아야 할 말은 가려야 한다. 그래야 문제와 거리를 둘 수 있다. 고객하고든, 상품거래처든, 온라인 유통 채널의 MD 든, 신뢰할만한 관계를 맺기가 정말 어렵다.

세상에 비정상적인 일들이 너무 많다. 그러므로 항상 낮은 자세로 움직이고 최대한 조심하는 수밖에 없다. 술자리든 저녁 자리든 목숨 같이 지켜야 하는 것들은 정말 지켜야 한다. 그래야 무리 없이 자기 사업을 할 수 있다. 정말 평생을 함께할 사람을 만들기가 정말 어렵다. 그래서 더욱 사람을 보는 안목을 갖춰야 하겠다.

개나 소나
만나지 마라

뉴페이스를 꺼리는 세상이 되고 있다. 낯선 사람들은 우리를 위협하는 악인일 수 있다. 그래서 나이가 들수록 사람들에 대한 의심이 늘어난다. 너무 많은 이들이 사기당하기 때문이다. 스스럼없이 사람들에게 다가오는 이들 중 적지 않은 이가 사기꾼이다. 그들은 사기가 자기 직업이라고 생각한다. 사기 쳐서 돈 버는 것을 자랑스러워한다. 그래서 개나 소나 아무나 만나면 안 된다. 사람 만나는 것을 조심해야 한다.

24년 차 이커머스 MD가 말하는 **온라인 마켓, 매출 100억 비밀 노트**

사기꾼들은 항상 남을 등쳐먹으려고 수작을 부리기 때문에 깊은 관계, 오래된 관계로 유지할 수 없다. 그래서 항상 새 사람을 찾아 나선다. 그리고 그들을 이용하고 나면 또 옮겨 다닌다. 그들은 믿을 수 없는 사람들이다. 남을 이용할 생각만 한다. 그래서 외롭다고 아무나 만나서는 안 된다. 힘들어도 자존심 가지고 스스로 자긍심을 늘려야 된다. 자신의 굳은 마음이 있어야 한다. 그래야 남에게 이용당하지 않는다.

남을 이용하는 사기꾼들의 말로는 비참할 것이다. 그래서 함부로 사기 칠 생각도 하면 안 되고, 남을 이용할 생각 해서는 안 된다. 또한 어수룩해서 사기당하는 일도 없어야 한다. 사기꾼들은 평생 외롭게 산다. 비슷하게 당할까 봐 사람을 못 믿는다. 그리고 결국 자신이 똑같이 당한다. 인생 전부가 개판이 된다. 평범한 사람들은 1년 있다 봐도 어제 본 사람처럼 오래된 진중한 관계 유지하는 것이 낫다. 개나 소나 만나면 큰일 난다. 아무하고 관계 맺으면 안 된다. 그리고 함부로 남 뒤통수칠 생각 해서는 안 된다. 자기 일에 충실해야 한다.

가까운 사람이 등에 칼 꽂고 뒤통수칠 때 충격받는다. 진짜 친한 사람에게 사기당하면 비수가 몸에 꽂힌다. 사기꾼들은 가장 가까운 사람부터 이용한다. 항상 남을 이용할 생각으로 만나는데, 나중에는 자신도 이용당하고 버려진다. 사람 운명은 스스로 만들어가는 것이다. 외로워서 다른 사람을 찾고 기대려는 마음이 들 수 있다. 그런데 함부로 아무나 만나면 인생 끝장난다. 힘들어하는 사람을 뒤통수치는 이들이 그들이다.

우리는 이때까지 많이 속아왔다. 사람이 사람을 더 못 믿는 시대가 되었다. 최악의 시대이다. 그런 현실을 뼈저리게 느끼고 받아들여야 한다. 함부로 남을 믿기 보다는 자기 자신의 재능을 키우고 더 열심히 살아야 한다. 그래야 힘든 세계에서 생존할 수 있다. 남 말 믿고 살다가는 노예 신세 못 면한다. 요즘 시대에는 아무나 만나지 않고 자기 자신에게 집중하는 것이 최고다.

주변에
믿을 놈 없다

가장 가까이에 있는 이가 가장 무서운 사기꾼이 될 수 있다. 대부분 사기꾼은 가까운 사람들이다. 믿고 의지한 그 신뢰를 이용해서 뒤통수친다. 그래서 가까이 지내는 사람을 더욱 조심해야 한다. 정말 아무도 믿지 않는다는 마음으로 지내야 한다. 그런 의심하는 태도가 삶을 지켜주는 지혜가 된다. 너무 삭막하다고 말할 수 있다. 그러나 지금은 정부도 사기 치는 시대다. 그러므로 더욱 조심하는 수밖에 없다.

앞으로 망해서 길거리로 쏟아져 나올 사람들이 폭증할 것이다. 긴 불황의 시대가 된다. 강력 범죄는 더 늘어나고 사회 분위기는 더 얼어붙을 것이다. 그럴 수밖에 없다. 다들 여유가 없기 때문이다. 그래서 더욱 사람을 조심하며 지내야 한다. 더욱 안전하게 사는 것이 필요하다. 정부도 세금 더 징수할 생각뿐이다. 정말 국민이 스스로 살아갈 방도를 마련해 주지 않는다. 아무도 관심 없다. 오직 사기꾼들만이 당신에게 신경 쓴다. 그 호의는 오직 사기를 위한 것이므로 절대 믿으면 안 된다.

앞으로는 '카더라'는 믿어서는 안 된다. 앞으로는 '현금'이 최고다. 다른 것은 생각 마라. 이미 선진국은 항상 소득과 현금을 가장 중시한다. 이것이 현명한 모습이다. 앞으로는 더욱 생업에 집중하고 투자는 신중하게 고려해야 한다. 자기 본업, 사업에서 어떻게 성과를 이뤄내고 또 유지할지를 고민해야 한다. 무리한 빚으로 규모를 키우는 것보다 실속을 따져야 한다. 없이 살아도 알짜여야 안전하게 지낼 수 있다.

함부로 욕심부리면 언제든 사기꾼, 협잡꾼들의 먹잇감이 된다. 괜히 신상을 공개하거나 사업 정보를 공유해서는 안 된다. 그것이 빈틈이 되어 언제든 화를 입힐 거다. 자신이 이룬 것이 많다며 과시하고 거드름 피우는 이들은 멀리하는 것이 좋다. 쓸데없는 관계는 생업, 사업에 대한 집중을 흐트러지게 만든다. 누군가의 소개로 기회를 잡는 경우가 분명 있겠지만 그에 앞서 자기만의 실력, 능력을 갖춰놓는 것이 먼저다. 그리고 사람을 보는 안목도 꼭 갖춰야 한다. 사람 한 번 잘못 봤다가는 평생 번 돈을 다 날릴 수도 있다. 삐끗했다가는 지옥에 빠져서 평생 허리 한번 제대로 못 펴는 삶을 살게 된다.

앞으로 더욱 사람들과의 관계를 유의하며 지내야 한다. 경제 상황이 매우 안 좋아져서 어떻게든 주변 사람들을 뜯어먹으려 수작 부리는 이들이 늘어난다. 염치도 없고 기본 예의도 사라지게 된다. 금리는 오를 수밖에 없다. 사람 때문에 죽고 사는 일이 넘치게 될 것이다. 그러므로 더욱 주변 사람들을 조심해야 하겠다. 그저 항상 조심하는 자세와 마음가짐을 잊으면 안 된다.

숨죽이고
살길 모색한다

살다 보면 온갖 험한 일을 다 겪게 된다. 그래서 숨죽이고 살길을 모색해야 한다. 살려고 발버둥쳐야 한다. 아침마다 거울 보고 내 얼굴 보며 웃어줘야 한다. 아무도 남이 나를 보고 웃어주지 않으니, 내가 나에게라도 웃어줘야 하지 않겠는가. 당해보고, 바닥으로 추락해보니 안다. 예수조차도 모든 사람에게 사랑받지 못했다는 것을. 외롭고 힘든 시간을 잘 견딜 수 있어야 한다. 배고픈 시절을 잘 넘겨야 한다. 다들 힘들게 산다. 그래도 견디고, 또 시간이 지나면 조금씩 풀릴 수 있다.

저 바닥에서 하나하나 이뤄내며 올라갈 수 있어야 한다. 쳇바퀴 인생을 살면서 하나하나 위로 가야 한다. 쉽지 않은 시간을 견디면 분명 내공이 쌓인다. 차별, 모멸, 시기 질투 이런 것을 다 그러려니 하며 넘겨야 한다. 한 단계, 한 걸음씩 올라온 이는 쉽게 무너지지 않는다. 인생의 모진 풍파를 잘 이겨내면 바라는 모습을 맞이할 수 있을 것이다.

쉬운 길을 말하는 이들의 이야기에 귀 기울이면 안 된다. 악인은 선한 가면을 쓰고 나타난다. 이용당하고 사기당한 뒤 후회해도 소용없다. 당하면 10년, 20년이 날아간다. 남의 덕을 보지 않겠다고 다짐한다. 인간처럼 무서운 동물이 없다. 인간에 대한 오판이 가장 무섭다. 가장 가까운 이가 악마가 될 가능성이 크다. 그러므로 자기 속내를 쉽게 털어놓는 건 위험하다. 나의 어려움을 이용해서 나를 사기행각을 벌이려는 이들이 사방에 널려 있다.

경각심을 가지고 살아야 한다. 가족들과 시간을 많이 보내고 오직 공부하며 사는 것이 낫다. 사기당하지 않고 평범하게 사는 것만으로도 성공한 인생이라 생각해야 한다. 그리 지내면서 유지만 해도 어느 날 더 좋아질 수 있다. 그런데 한 번 미끄러지고, 당하면 회복하는데 다시 일어나기 힘들다. 그러므로 함부로 사람을 만나지 않는 것이 낫다. 의심하고 또 의심해라. 그것이 안전해지는 길이다.

자기 생활에 신경을 더 쓰는 것이 낫다. 쓸데없는 인맥 타령하지 마라. 내가 능력이 생기면 인맥은 알아서 온다. 오직, 자신에게 더 집중하고 공부하며 시간 쓰는 것이 훨씬 안전하다. 바쁘게 살아라. 남에게 신경 쓸 시간 없다. 더 땀 흘리며 열정을 쏟는 것이 낫다. 남에게 신경 쓰고 남을 잘 안다며 떠벌리는 허영기 있는 이들은 언제든 사기꾼으로 돌변할지 모른다. 그러므로 그런 부류는 항상 멀리하며 산다. 조심한다.

11 비상식적인 사람 멀리하기

　오래오래 안전하게 살길을 도모해야 한다. 그러려면, 제일 먼저 사람을 조심해야 한다. 안 그러면 언제든 사기당하고 발등 찍혀 삶이 벼랑 앞으로 내몰릴 수 있다. 상식을 넘어서는 말과 행동을 하는 사람은 철저히 거리를 둬야 한다. 그런 느낌이 드는 사람은 아예 경계하고 멀리한다. 언제든 화를 입을 수 있다. 온라인 유통에서도 사람을 제일 경계하고 조심해야 한다. 무시무시하고 살벌한 세상을 우리는 살고 있다. 그러므로 의심스러우면 직접 확인하고 점검해야 한다. 그래도 당하기 쉬운 세상이다.

　모르면 가만히 있는 것이 낫다. 아무것도 하지 않는 것도 현명한 결정이다. 모르면서 뛰어드는 거 만큼 위험한 일은 없다. 피도 눈물도 없는 이들이 많다. 사람을 사람으로 보지 않고 자기 돈 불려주는 숫자로만 본다. 좋은 상품을 제공해준다. 마진이 매우 좋다는 등 사탕발림으로 속이려드는 악인들이 많다. 그들은 남의 뒤통수를 치고도 뻔뻔하게 도망가지도 않는다. 어쩔 수 없었다며, 염치없이 말한다. 사기 쳐놓고 또 요구하고 또 속이려 든다. 그런 이들이 한둘이 아니다.

수십억 자산가다, 돈이 많다, 물건을 가져다가 팔면 쉽게 1억, 2억 벌 수 있다는 등 이렇게 말하는 이들은 다 가짜라고 생각하면 거의 맞다. 쉽게 돈 벌게 해주겠다는 말은 전부 사기꾼들의 멘트다. 절대 넘어가면 안 된다. 함부로 내 욕심을 드러내서는 안 된다. 친절하고 착한 거처럼 보이는 이들을 더 조심하고 경계해야 한다. 그래야 걸리지 않을 수 있다. 세상은 절대 쉽게 돈 버는 곳이 아니다. 돈 버는 것은 정말 어려운 일이다.

세상 사는 것은 외롭고 힘든 일이다. 욕심을 버리고 오직 자기 땀의 결과만 믿어야 한다. 내 고생과 정성이 더해지고 시간이 쌓여야 겨우 조금 돈을 벌 수 있다. 그런데 조급한 마음을 가지면 먹잇감 신세 된다. 악인들이 곳곳에 깔려 있다. 항상 경계심을 가져야 한다. 지금은 정부까지 나서서 사기질 하는 시기다. 절대로 아무도 믿으면 안 된다. 가족 말고는 전부 내 뒤통수를 칠 수 있다고 봐야 한다. 욕심에 눈 뒤집히면 아무에게나 다 사기당할 수 있다. 정신 놓지 않도록 애써야 한다.

빚내어 무리하게 크게 벌리라고 말하는 이들은 의심하고 멀리해야 한다. 필요하면 연락 자체를 차단하는 것도 좋다. 다 끌어모아 2억, 3억, 5억 빌려서 일을 시작했는데 뜻대로 안 되면 그냥 인생이 지옥 된다. 돈 벌기는 어렵지만 빚지는 것은 금방이다. 절대 쉽게 생각하면 안 된다. 금세 큰 빚을 질 수도 있다. 그리되면 평생 빚 갚으며 살아야 한다. 죽을 때까지 못 그만두고 일만 하며 살아야 한다. 그러므로 항상 비상식적인 사람은 차단해야 한다.

아무나 만나면
닮는다

내가 보고 경험한 것이 내 머릿속에 남는다. 좋은 것을 자주 보면 좋은 것을 표현하고 싶어진다. 좋은 경치를 많이 보면 그림에 소질이 있는 이들은 그린다. 그리고 건축하는 사람은 건축물에 그 경치를 반영해서 짓는다. 자기 재능과 업에 따라 겪은 것이 활용된다. 사물은 내 시각, 내 판단에 따라 다르게 보일 수 있고, 나에게 많은 영감을 준다. 그래서 좋은 것들을 많이 보고 내 안에 담아야 한다. 온라인 유통에서도 비슷하다. 잘 팔리는 행사 제품을 많이 보면 볼수록 내게 그들의 내공이 전수될 수 있다.

그리고 사람도 정말 괜찮은 이들을 가까이해야 한다. 그래야 사람들의 좋은 모습을 내가 닮을 수 있다. 사기꾼들 만나면 나도 사기꾼이 될 수 있고 또라이들을 자주 보면 나도 또라이가 된다. 그래서 조금이라도 비정상이다 싶으면 바로 손절하는 것이 낫다. 이야기 나눠보고 너무 화려하고 거창한 것을 추구하면 의심해볼 필요가 있다. 말이 너무 청산유수여도 경계의 끈을 늦추지 않는다.

사업을 잘 유지하는 데에 사람들과의 관계는 매우 중요하다. 사기꾼들은 모든 상황을 교묘히 이용한다. 남의 마음을 사로잡는 데 능숙하다. 남의 어려움을 헤아리고 잘 들어주고 이해해준다. 이렇게 인심을 산 뒤에 자기들이 예정한 사기극을 벌인다. 그리고 또 다른 곳에 가서 비슷한 수법으로 사기를 친다. 그들은 염치도 부끄러움도 없다. 자기 배고프면 훔치고, 돈 없으면 남의 등쳐서 돈 뺏으면 된다고 생각한다. 죄의식도 없고 인생이 원래 그래와서 희망

24년 차 이커머스 MD가 말하는 **온라인 마켓, 매출 100억 비밀 노트**

도 없고 남에게 배려해주는 것도 없다. 그들의 인생을 들여다보면 쓰레기들밖에 없다.

지금보다 더 나은 현실을 만들기 위해 책을 열심히 읽고 관련 분야의 공부도 성실히 해야 한다. 그리고 좋은 경치를 보기 위해 여행도 다닌다. 이렇게 새로운 것들을 가까이한다. 새로운 사람을 만나려고 애쓰는 것보다 상품 공부하고 활동할 온라인 유통 시장에 대해 알아보는 것이 더 낫다. 온라인 사업을 생업으로 삼은 이들은 자기 업에 대한 배움이 가장 먼저 필요하다. 스스로 일어서는 힘을 기른 다음에 사람과의 관계 형성에 신경 쓴다.

겉으로 보이는 것에 현혹되지 않아야 한다. 겉모습을 보고 부러워하지 않는다. 나의 말보다 내가 직접 겪고 내가 판단한 것을 더 중요시한다. 전문가, 지식인의 말을 비판 없이 신뢰하는 건 위험하다. 그들의 말에 내가 휘둘리면 언제든 내 것이 사라질 수 있다. 언론, 전문가들은 업계의 대변인이지, 보통 사람들을 위해 말하지 않는다. 그러므로 오직 자기 힘으로 실력을 기르고 사업을 지켜내야겠다는 각오를 해야 한다.

사탕발림에
넘어가지 마라

사기꾼들은 사람들의 피를 빨아먹고 산다. 궁지에 몰려 오도 가도 못 하는 힘든 사람에게 다가가서 등골 빼먹는다. 망하기 직전인 사람에게 대출받게 해서 지옥으로 떨어트린다. 힘든 처지에 놓인 사람들을 상대로 그들의 절박함을 이용한다. 더 절박하게 만들어서 악의 구렁텅이로 몰고 간다. 이렇게 인생을 망가뜨려놓고 자신들을 감정에 휘둘리지 않는 프로라고 자부한다.

일본 콘텐츠인 〈사채꾼 우시지마〉를 보면 충격적이다. 그런데 현실은 그보다 더 잔인할 것이다. 어떤 식으로든 빚을 갚으면 빚쟁이 신세를 벗어나지만 그러지 못하는 이들은 평생 빚쟁이로 산다. 가난보다 더 비참한 것이 빚쟁이다. 가난이 무서운 것이 아니다. 빚쟁이가 무서운 것이다. 아무리 돈을 많이 벌어도 사기꾼들에게 걸려서 빚지면 사업 망가지고 인생도 망한다. 사기꾼들은 끝까지 다 빼먹으려고 한다. 일부러 더 빚지게 하고 더 사기 친다. 일부러 함정에 빠트리고 더 이용하는 악인들을 두려워해야 한다.

그런 이들에게 걸려들면 없던 증오심과 복수심에 일상이 망가진다. 정상적으로 자기 일을 하지 못한다. 그들은 법망도 교묘히 잘 피해 다닌다. 그래서 또 사기 치고 업계를 흐리고 다닌다. 법이 너무 허술해서 사기 치고 사는 것이 그들의 일상이고 삶이다. 그저 최대한 당하지 않도록 조심하는 수밖에 없다. 사기당해도 당한 이들이 잘못이라고 한국사회에서는 말한다. 그러므로 더욱 조심해야 한다. 이 나라에서는 살면서 한두 번은 당하게 된다. 당하면 얼마나 무서운지 알게 된다.

삶을 무서워해야 한다. 함부로 빚져서 상품 매입할 생각하지 말아야 한다. 아무리 좋은 기회라고 해도 빚을 져야 한다면 다시 생각해야 한다. 빚내어서 사업하겠다는 마음을 먹으면 안 된다. 돈이 없으면 없는 대로 몸을 더 움직여서 일할 생각을 해야 한다. 밥을 굶는 한이 있어도 빚지지 않겠다고 각오해야 한다. 아무리 큰 기회가 온다 해도 빚은 안된다. 그런 마음을 가지면 사기당할 일이 줄어든다.

사기꾼들은 사탕발림의 말을 너무 잘 안다. 사람의 마음을 잘 파고든다. 그러므로 그들의 주둥아리를 이기겠다고 마음 안 먹는 것이 가장 낫다. 수월하게 돈 벌 수 있다는 환상을 버려야 한다. 돈 없으면 없는 처지에서 할 수 있는 것을 궁리해야 한다. 그것이 현명한 모습이다. 자기 목숨과 가족을 지키려면 빚을 지지 않고 땀만 흘리며 지내도, 그럭저럭 살 수 있다. 돈은 못 벌어도 빚은 안 지겠다는 각오로 사업을 해야 한다. 그래야 사탕발림의 사기꾼에게 걸려들지 않을 수 있다.

아무나 도와주면
안 된다

온라인 유통에서 많은 사람을 만난다. 때로는 안타까운 처지에 놓여 있는 이들도 있다. 그들의 사정을 이야기 들으면 마음이 아프고 어떻게든 도와주어야겠다는 생각이 든다. 그런데 아무에게는 연민을 품어서는 안 된다. 그런 호의를 이용해서 사기 치려는 악마들이 있기 때문이다. 절대로 함부로 도와주려는 마음을 가지면 안된다. 남을 도우려는 마음도 함부로 내보이면 안 되는 시대에 우리는 살고 있다. 자신을 도와준 은인에게도 사기 치는 악인들이 있다.

절대로 검증이 안 된 사람을 도와주면 안 된다. 남의 말을 함부로 믿지 말아야 한다. 남의 말, 행동을 경계의 눈초리로 봐야 한다. 남에게 손을 내밀고 도와주려는데, 그것을 이용해서 사기 친다니 정말 믿기 어렵다. 그러나 그런 이들이 존재한다. 그래서 사람을 더욱 가려야 한다. 도와주는 것조차 아무에게 하면 내게 화가 미친다. 최대한 낯선 사람들과 거리를 두고 말을 섞지 않아야 한다. 그들은 오직 돈 벌 생각에 사람을 도구로 본다. 그들은 자기 이익을 위해 모든 것을 다 버린다. 양심도 없다.

외로워도 냉정히 혼자 있는 것이 낫다. 외롭게 자기 시간을 가지는 것이 삶에 더욱 도움이 된다. 힘들고 어려울 때는 외로움을 당연히 생각하고 천천히 나 자신을 되돌아본다. 힘들 때 제정신이 아닐 수 있다. 그때 사기꾼에게 걸려들면 사람 장기까지 다 빼앗길 수 있다. 그러므로 힘들 때, 어려움에 부닥쳐 있을 때, 더 조심해야 한다. 남이 죽을 지경에 놓였는데도 그 처지를 이용해 돈을 빼앗으려는 악인들이 있다. 그러므로 외롭게 지내는 것을 되레 다행으로 여긴다.

모든 일은 나에게서 시작된다. 좋은 일이든, 나쁜 일이든 간에 마찬가지다. 과거의 상처를 내일의 도약 발판으로 삼기 위해서는 힘들고 어려운 기억을 내가 스스로 극복해야 한다. 남에게 위로받고 격려를 얻을 생각 마라. 그런 거 하나도 쓸모없다. 되레 그것이 나중에 보면 남의 술자리 안줏거리가 된다. 그러니 더 입이 무거워야 한다.

남에게 이런저런 이야기하지 마라. 되레 내 약점만 될 뿐이다. 함부로 내 사정을 떠벌리는 것은 정말 어리석은 일이다. 힘들고 어려운 일이 있으면 나중에 좋은 일도 생기는 법이다. 그러므로 더욱 정신을 붙들어 맨다. 직업에 귀천 없고 지위 고하도 없다. 사기만 안

24년 차 이커머스 MD가 말하는 **온라인 마켓, 매출 100억 비밀 노트**

당해도 무슨 일이든 하며 살 수 있다. 욕심 버리고 착실히 살면 삶은 괜찮아질 수 있다. 그러므로 무던히 노력해서 나의 업을 잘 지키고 또, 발전시킬 각오를 한다. 그러면 분명 나아지는 날이 올 것이다.

사기꾼들의
선전 선동은 계속된다

사기꾼들이 가장 많은 나라가 한국이다. 사기가 일상이다. 공포 분위기를 조성하고 남과 비교질해서 감정을 건드려 사기 친다. 언론이나 유튜브, SNS 등 곳곳에서 사기꾼들이 기승을 부린다. 언론에서 유명세를 이용하고 학벌을 내세우며 전문가 행세를 한다. 그리고 사기 쳐서 사람들을 몰살시킨다. 그런 사기꾼들은 투자라는 명목으로 법망을 피해간다. 지금도 많은 이들이 그런 사기에 넘어가서 지옥 같은 삶을 산다. 지금 아니면 기회가 없다고 말하는 사기꾼들의 수법이 지금도 계속 벌어지고 있다.

사기당하면 알거지 된다. 한번 몰락하면 극복하기 어렵다. 혼돈의 세상에 믿을 사람은 오직 자신뿐이다. 열심히 일하고 자기 분수에 맞게 움직여야 한다. 절대로 욕심부리면 안 된다. 무리한 욕심, 욕망이 사기꾼들의 먹잇감이 되게 한다. 앞으로 어떻게 자기 일을 해야 하나? 그리고 사람을 어떻게 조심해야 하는가?

사기꾼들의 특징을 잘 파악해야 한다. 사기꾼들은 절대 정확하게 이야기하지 않는다. 남들에게 잘 과시하고 드러낸다. 남들이 바라고 선망하는 모습을 잘 연출해서 보인다. 능력이 뛰어난 것처럼 보이는

데 능하다. 그래서 말을 듣고 있다 보면 금세 넘어가기 쉽다. 그들은 조작하고 선전·선동하는데 전문이다. 그래서 보통 사람들, 평범한 사람들이 걸려들기 쉽다. 탐욕, 욕심을 추진력 있고, 성장하는 능력으로 포장한다. 그리고 빚지게 한다. 레버리지 이용하라 그러고, 빚 내서 재고를 충분히 확보하라고 말한다. 정신을 바짝 차려야 한다.

큰돈 벌이겠다는 생각은 버려야 한다. 쉽게 돈 벌었다고 말하는 이들은 사기꾼이다. 그럴싸해보이는 이야기지만 실제로 실행해보면 현실은 딴판이다. 비법이나 지름길 같은 것은 없다. 그런 것에 취하면 힘들고 어려운 일상을 견디기 어렵다. 사업은 뭐든 정말 힘든 일이다. 쉽게 큰돈 벌겠다는 욕심에 빠지면 사업으로 돈 벌기는 커녕 금세 망하기 쉽다. 삶을 대하는 태도가 나쁘게 물들어 평생 인생이 개판 된다. 욕망에 들떠서 거품에 취해 살다가 그 거품이 꺼지면 삶까지 같이 추락한다.

열심히 땀 흘리고 생업의 터전에서 노력하는 이들만이 잘살아갈 수 있다. 부지런히 성실하게 사는 이들을 깎아내리는 놈들은 절대 가까이하면 안 된다. 남에게 떠넘기면 된다고 말하는 무책임하고 야비한 말을 하는 놈들은 손절해야 한다. 똑같이 사기꾼 되라고 권유하는 이들이다. 불황의 시대다. 가성비 좋은 상품을 꾸준히 고객들에게 내보이고 정성스레 응대하면 결국은 고객들이 알아준다. 그것이 지극히 뻔하지만 가장 올바른 길이다. 가짜, 사기꾼들의 선전·선동에 휩쓸리지 않도록 더욱 마음 단단히 먹어야 한다. 그래야 잘 자리매김할 수 있다.

우직하게 지내야 한다. 똑똑하고 약삭빠른 이들은 오래 못 버티고 금세 사라진다. 잘난 사람이라서 알아서 더 나은 길을 찾아 떠난다. 온라인 유통이 엄청 기회의 땅인 줄 알고 들어왔는데, 생각처럼 진도 나가지지 않으면 금방 나가버린다. 그러므로 잘난 사람들을 부러워 말고 자기 자신을 믿어주는 것이 좋다. 삶을 오랫동안 지탱해주는 힘은 꾸준함과 인내다. 꾸준히 견디고 성실한 이가 가장 오래 살아남는다. 가늘고 길게 지낸다. 가장 오래 머물면 분명 길은 열린다. 그것이 가장 어렵고 외로운 일이다. 그런 모드로 지내는 사람들은 일찍 철든 사람이다.

자기 자신을 응원해야 한다. 힘들고 어려워도 잘 기다릴 수 있도록 자신을 격려한다. 그리고 요행을 바라지 않는다. 물론 살다 보면 조금 빠른 지름길을 가고 싶어 하는 것이 보통 사람의 마음이다. 그러나 그런 마음 때문에 남들에게 당하고 시장의 매서운 맛을 보게 된다. 함부로 요행을 바라지 않아야 한다. 묵묵히 잘 견디고 이겨내야 한다. 온라인 유통에서 자리매김하는 셀러는 매우 드물다. 오래오래 머물 생각을 하지 않는다. 잠깐 해서 바짝 돈 벌 생각만 한다. 그래서 우직하게 머무는 이에게 기회가 올 수밖에 없다.

오래 못 버티는 이들이 많아서 버티기만 해도 기회가 올 수 있다. 알아서 다들 그만둔다. 오래하지 않는다. 남들이 힘들게 하지 않아도 스스로 무너진다. 큰돈 벌게 해준다고 말하는 이들을 멀리해야 한다. 그들은 거의 다 가짜다. 자기 실력 키우고 더 좋게 만드는 것이 가장 나은 길이다. 스스로 노력해서 자기 영역을 구축한다. 나의 기회가 올 때까지 참고 기다린다. 뭐든 지속적으로 하는 것이 제일 어렵다. 비교 잘하고 자기 이익 잘 따지는 이들이 오래오래 잘 되는 경우는 못 봤다. 너무 계산적으로 되지 말아야 한다.

손가락질당하고 무시당하고 모멸감 느껴도 참고 견디며 버티는 이들이 나중에 승자가 될 수밖에 없다. 온라인 유통에서 잘 되는 이들은 살아남은 존재다. 자기 자신을 믿어준 이들이다. 그러므로 오래오래 잘 버틸 각오를 해야 한다. 자신을 믿어주어야 한다. 일은 지겹고 힘들다. 삶은 견디는 것이다. 재미있는 일이 아니다. 그래서 자기 일에 흥미를 느껴야 한다. 그래야 나름의 보람을 가지고 몰입할 수 있다. 시간이 지나면 노력은 축적된다. 자신을 믿고 묵묵히 자기 길을 간다. 자신을 붙들고 오래오래 앞으로 나아간다.

남보다 똑똑하지 못하고 우둔해도 괜찮다. 계산을 제대로 못 해도 된다. 그보다는 멀리 보고 멀리 간다고 생각해야 한다. 그러다 보면 그사이에 하나둘씩 이뤄질 것이다. 인생의 긴 길에서 하나둘씩 해결된다. 똑똑하다고 잔머리 굴리면 오래 갈 수 없다. 참고 견디고 기다리기만 하면 된다. 뭔가를 이뤄내기 위해서는 오랜 시간이 걸리는 것을 받아들인다. 그리고 성실하게 지속해서 일한다.

내꿈
지키기

잊고 지냈던 목표, 희망, 바람이 떠올랐다. 자기도 모르게 음악 소리에 이끌려 어디론가 발걸음이 옮겨졌다. 그곳에서 발레를 하는 청년의 모습을 보게 된다. 자신도 그 발레를 배우면 안 되겠냐고 말하지만, 금세 거절당한다. 발레 교습소가 아니라는 답변을 듣는다. 그러나 그는 그 거절에 아랑곳하지 않는다. 또 찾아가고 부탁한다. 이렇게 확고한 의지를 내보이고 그곳에서 그 청년에게 발레를 배우게 된다. 왜 배우느냐고, 왜 하고 싶으냐는 질문에 말한다. 자신도 날아오르고 싶다고, 한번은 해보고 싶다고 말이다. 드라마 나빌레라의 스토리다.

한 번뿐인 인생이라고 말하지만, 대부분의 사람들은 순응하며 산다. 이렇게 살아야 한다. 이렇게 하면 안 된다 등의 세상 시선과 강요에 따라 움직인다. 마음대로 못사는 세상인 것을 안다. 우리는 참 힘든 세상을 살아가고 있다. 먹고 사는 것이 참 힘들다. 가정을 꾸리고 자식을 키우는 것이 쉬운 일이 아니다. 그래서 정말 자기가 하고 싶은 것은 다들 숨기고 산다. 아니, 뭘 하고 싶은지도 잊어버리는 경우가 많다. 그런 우리에게 이 드라마는 남들이 뭐라 하든 간에 당신이 하고 싶어 하는 일에 도전해보라고 용기를 심어주는 듯하다.

너는 안 된다, 그래서는 안 된다라고 하면서 자꾸 못하게 한다. 그것이 세상이다. 그런데 이 드라마는 우리에게 알려준다. 나이 70에도 늦지 않았다며 도전하는 덕출의 모습을 보여준다. 그러니 당신도 도전하라고 말한다. 온라인 유통에서 온라인 판매자로 나서서 활동하는 건 많은 에너지와 정성을 필요로 한다. 나이 들어서 하기 어려울지도 모른다. 그런데 우리는 드라마를 보며 느낀다. 나도 도전해서 할 수 있지 않냐는 질문을 하게 된다. 그래 용기를 내 보자. 그저 시작한다는 것만으로도 감동이 되지 않는가. 아무 생각 없던 이들이 그런 마음이 생긴다. 이것이 바로 변혁이고 혁신 아닌가.

자기만의 상품을 세상에 내보이고 싶을 것이다. 아주 형편없는 상품일 수 있다. 그래도 내 상품이 누군가에게 팔리고 그에게 만족을 준다면 얼마나 행복한 일일까. 그런 마음을 가져본다. 팔고 또 팔면서 내 능력을 만들어가고 싶다. 덕출에 비하면 한참 어린 청춘인 이들이 많지 않은가. 아직 시간이 있는 것이 아닐까. 물론 우리는 언제 어떻게 생을 마감할지 모른다. 그래서 '내일 하자, 다음 달에 하자'라는 생각보다는 '지금 해야겠다'라고 하자. 그래야 후회하지 않을 것이 아닌가?

남들의 시선, 비방, 조롱 이런 것이 다 무슨 소용인가. 남들이 대신 살아줄 것도 아니지 않은가. 오직 내 생각, 내 의지가 더 중요한 것이다. 그리 믿는다. 우보만리일 수 있다. 한 걸음 한 걸음으로 아주 더디게 나아갈지도 모른다. 그래도 포기하지 않는다. 우리의 바람을 이뤄내는 길은 우리 스스로가 만드는 것이다. 〈나빌레라〉 드라마를 보면서 그런 생각을 가져본다.

더디더라도
전진하기

　더디어도 전진해야 한다. 그래야 삶이 나아지고 가족의 생활을 지켜낼 수 있다. 물론 쉽지 않다. 그런데 힘겹게 사는 평범한 사람들이 참 많다. 묵묵히 우리 주변에서 소리 내지 않고 일하는 이들이 얼마나 많은가. 지저분한 거리를 깨끗하게 해주는 청소부, 범죄자들을 쫓으며 시민들의 안전을 지켜주는 경찰관들, 화재를 진압하는 소방관, 전기, 철도, 수도 등 우리가 당연하다고 생각되는 것들을 날마다 제공해주기 위해 피, 땀 흘리는 이들이 있다. 아침에 버스를 타고 출근할 때, 버스 기사에게 고마움을 느끼기는 어렵다. 당연한 존재라고 생각하기 때문이다. 그런데 버스 기사분의 안전한 운전으로 우리는 이동할 수 있다. 그들은 누가 묵묵히 자기 자리에서 열심히 일한다. 그런 모습을 배울 필요가 있다.

　자기 자리에서 열심히 일하며 사는 사람은 분명 전진하는 존재다. 드러나지 않더라도 그들은 성과를 내고 나름의 자부심을 느끼고 살아간다. 물론 그들의 노력에 대해 사람이 알아줄 때도 있고 모를 때도 있다. 각계각층에서 많은 사람이 각자 노력하며 산다. 다들 성실히 산다. 그런데 남들이 몰라줄 때도 많다. 그래도 자기 스스로는 자신의 노력을 안다. 내가 노력하고 있는지, 아닌지를 말이다. 온라인 유통에서 상품을 판매하는 일도 마찬가지다. 성실히 일하고 움직이면 어느 시점에 알려지게 되어 있다. 임계치를 넘어서야 알려진다. 그러므로 경험을 축적하고 재능을 키우며 앞으로 나아가야 한다.

누구나 원하는 목표, 정상이 있다. 자기만의 정상이 있다. 그것을 위해 날마다 흔들림 없이 애쓰면 분명 정상에 도달할 수 있을 것이다. 좌고우면하지 않고 부지런히 달려나가야 한다. 어떤 이들은 다르게 이야기한다. 요즘 같은 세상에 자신의 힘을 다 써버리면 바보라고 한다. 적당히 하고 자기 힘을 비축해둬야, 자기에게 새로운 상황이 생겼을 때, 힘을 쓸 수 있다고. 맞는 말일 수 있다. 너무 앞만 보고 달렸다가 조직에 버림받으면 바보가 된다. 그래서 페이스 조절은 스스로 알아서 해야 한다. 스스로 강해지고 스스로 내공을 쌓기 위해서 자기 속도로 달려야 되겠다.

시장에서 나의 모습이 보이지 않는다고 해도 계속 꾸준히 나아가면 언젠가 알려지게 될 것이다. 그런 마음으로 묵묵히 앞으로 나간다. 그리고 하나둘씩 경험하고 또 배운다. 이러한 과정이 곧 우리의 인생이고, 우리의 사업이다. 그냥 되는 것 없다. 그리고 참 더딘 것 같아도 분명 전진하고 있다. 그리 믿고 움직이는 것이 좋다. 뜻대로 흘러가지 않는다고 자책하고 밤잠 설치는 일들이 다 나에게 쌓인다. 그냥 사라지지 않는다.

오늘도 전진해야 한다. 더 강해지고 더 단단해질 각오를 해야 한다. 남들보다 더 나아지기 위해서는 더 많은 각오와 노력을 해야 한다. 어떤 날은 고민 탓에 잠이 오지 않아 밤을 하얗게 지새울지도 모른다. 단번에 무엇이 이뤄지고 능력이 생기지 않는다. 내 안에 베여 있는 나태함과 나약함을 떨어내야 한다. 세상에 공짜 없다. 내가 땀 흘리고 애쓴 것은 전부 나에게 남는다. 내 것이다. 아무도 빼앗아 가지 못하는 내 것이다. 명심하며 전진한다.

꾸준히 팔 수 있는 것
찾기

금세 매출을 내서 큰돈 벌고 싶다. 그런데 이렇게 금방 매출이 나고, 혜성같이 나타난 이들이 오래 자리매김하기는 어렵다. 코로나19이 터진 후 마스크를 취급하던 업체들이 만들기만 하면 돈을 벌었다. 그러나 그런 즐거움은 오래가지 못했다. 순식간에 많은 판매자가 생겨났고 가격 경쟁이 심해져서 금방 포화상태가 되었다. 돈이 되는 일을 보면 사람들은 가만있지 않는다. 금방 경쟁 상태가 된다. 금방 따라 한다. 그래서 오래 잘 팔 수 있는 품목을 갖는 것이 어렵다. 남들이 가지지 못하는 나만의 제품을 갖기는 쉽지 않다. 그러나 포기하지 않는다. 꾸준히 매출을 낼 수 있는 상품을 발굴하고 기획하는 것이 오래 살아남을 수 있는 길이다. 그래야 흔들리지 않고 지속적으로 셀러로 활동할 수 있다.

온라인 유통 채널이 참 많다. 11번가, G마켓, 쿠팡, 카카오 등 무수히 많은 채널이 있고 상품들도 엄청나게 많고 가격도 천차만별이다. 제조사, 대기업, 중소기업, 개인사업자 등 체급에 상관없이 모든 이들이 뛰어들 수 있는 시장이다. 그래서 쉽게 진입하지만 잘 자리 잡는 경우는 매우 드물다. 꾸준히 파는 이들이 적은 탓이다. 그래서 어떻게든 꾸준히 지속해서 팔 수 있는 상품을 만들어내는 것이 관건이다.

처음 진입해서 고매출을 내는 경우는 매우 드물지만, 간혹 있다. 그런데 초기에 매출을 잘 내게 되면 되레 눈높이가 높아져서 조금만 부진해도 의욕이 떨어지고 새로운 도전을 하지 못하고 꼬꾸라지는 경우가 대부분이다. 반대로 초기에 너무 매출이 없으면 아예 할 의지나 의욕이 생기지 않아서 적응을 못한다. 너무 잘되어도 탈이고 너무 안 되어도 문제가 되는 것이다. 가장 좋은 것은 차근차근 시행착오 줄여가면서 자리 잡아가는 것이다.

큰 목표보다는 당장 시작할 때에는 실현 가능한 목표를 하나씩 세워가는 것이 좋다. 내가 직접 포토샵 해서 상품 상세이미지 만들기 해보기, 각 온라인 채널별 베스트 상품 매일 1~2시간씩 보면서 정리하기, 내 상품군에서 가장 강한 업체 파악해 그들이 잘하는 점과 내게 부족한 점 정리하기 등을 해본다. 매출 목표 얼마, 취급 상품 몇 개, 월, 주간 행사 상품 진행 몇 개 이렇게 목표를 세워도 좋다. 너무 무리한 목표보다는 초기에는 달성하기 조금 수월해야 의욕, 의지가 생길 수 있다. 그리고 그 목표도 점진적으로 높여 나가는 것이 낫다.

무리하게 하루에 14, 15시간 일하는 것보다는 초기에는 조금 시간을 투자해도 나중에는 하루 8시간 내외에서, 많으면 10시간 이내로만 일할 수준으로 딱 갖춰놓는 것이 가장 좋다. 마라톤처럼 오래오래 온라인 셀러가 되려면 말이다. 자기 체력과 여건에 맞게 평생 꾸준히 할 수 있는 모습을 갖추는 것이 필요하다. 그리고 평생, 이 일을 하겠다는 각오로 행동한다. 이렇게 오래오래 팔 수 있는 상품을 찾아 나선다. 그것이 오래 자리매김할 수 있는 길이다.

바라는 대로
흘러가지 않아도 견디기

　뜻대로 되지 않아도 너무 낙심하지 않는다. 자신이 세운 목표대로 잘 이뤄지면 참 좋으련만, 뜻대로 안 될 때가 많다. 그럴 때 너무 서운해하지 않는다. 당장 내 앞에 닥친 일을 생각하면 그것이 가장 어렵고 힘든 일 같지만, 돌이켜보면 더 힘들고 어려운 일은 차고 넘친다. 죽을 만큼 힘들고 어렵지만, 또 지나가게 되고, 그보다 더 힘든 일이 생기기도 한다. 그러므로 항상 마음의 여지는 두는 것이 좋겠다. 그래야 덜 실망하고 덜 상심하지 않겠는가?

　항상 발버둥치고 더 잘 해보려고 애쓰지만 안 될 때가 종종 있다. 어쩌겠는가. 받아들이고 감수해야 할 때가 있는 법이다. 정말 최선을 다해 공부를 열심히 해도 시험에서 떨어질 수 있고 정말 이루고 싶은 관계를 만들기 위해 노력을 했지만, 인연이 안 닿는 경우가 있다. 그럴 때, 너무 좌절하지 말자. 어쩌면 돌아간 길이 더 지름길일 수도 있으니 말이다. 정말 성실히 노력했다면 그것을 스스로 인정하는 것에 만족해야 하겠다. 그리고 다시 뛰면 된다.

　남들과 비교하며 자신을 너무 학대하지 말자. 비교하는 병에 걸리면 그보다 고통스러운 것이 없다. 비교 대상은 끝이 없다. 나보다 잘난 사람, 잘 지내는 사람, 이 얼마나 많은가. 그것을 다 이기겠다고 발버둥치면 화병에 걸려 수명 단축되기에 십상이다. 뜻하지 않게 수모를 겪고 원망을 받으며 괴로워해도 견뎌야 한다. 참고 견디면 나중에 길이 생길 수 있고 기회가 오기도 한다. 못 참으면 아무리 재능이 있어도 발휘하기 어렵다. 잘 참고 견디면 내공이 더 쌓이고 더 단단해지고 더 큰 기회의 주인이 될 수 있다.

사회 초년의 성공은 평생의 불운이라는 말도 있지 않은가. 차근차근 열심히 노력해서 경험을 늘려가자. 이렇게 경험을 축적하면 나의 든든한 뒷배가 될 것이다. 너무 안락하고 여유로운 것이 나중의 불행을 가져다줄 수 있다. 그리고 지금의 수고와 고생이 나중을 지켜주는 버팀목이 될 수도 있다. 그러므로 지금 뭔가 안 풀리고 답답해도 너무 상심하지 않는다. 더 크게 쓰이기 위한 과정으로 받아들인다. 그런 태도가 나를 더 잘 되게 할 것이다.

조금만 더 성실함과 수고스러움을 아끼지 않으면 괜찮다. 너무 아등바등하지 않는다. 운동할 때, 몸에 힘 빼는 것이 가장 중요하다고 한다. 너무 힘이 들어가면 원래 실력도 발휘하지 못할 때가 많다. 뜻대로 흘러가지 않을 때는 내게 힘이 너무 들어가 있을 때일 수 있다. 그러므로 조금은 여유를 가지고 내 처지, 상황을 두고 보는 것이 좋겠다. 그런 마음으로 지낸다면 분명 나은 존재가 될 수 있을 것이다. 항상 감사하고 또 낮은 자세로 겸손하게 지내자.

홍삼, 정관○ 홍삼을 뛰어넘는 가성비 넘치는 홍삼을 사라!

추석, 설날 명절이 되면 정관○ 홍삼을 가족, 친지, 지인들에게 선물하는 경우가 많다. 정관○ 홍삼은 선물용 국내 온라인 유통 시장에서 판매가 압도적이다. 다른 그 어느 홍삼 상품도 정관○을 뛰어넘기는 쉽지 않다. 그러나, 조금만 다르게 생각하면 정관○을 이기는 길은 있다.

선물용 홍삼 정관○이 아니라, 자신이 직접 홍삼을 섭취하기에는 정관○ 홍삼은 비싸다. 20개 스틱 1세트에 아무리 싼 행사 가격으로도 29,900원이다. 스틱 1포 기준으로 거의 1,400~1,500원꼴이다. 한 달 중 20일을 섭취하는데, 3만 원가량을 쓰기는 부담스럽다. 그런데, 정관○ 홍삼 함유량과 비슷하지만 브랜드 인지도가 떨어지는 홍삼 제품이어도, 고객들은 관심을 보인다. 이러한 고객들의 의견 속에서 새로운 틈새를 찾아냈다.

100포 59,000원, 1포당 590원꼴로 정관○ 홍삼보다는 거의 1/3 가격으로 자가 섭취용, 자신이 먹는 홍삼을 사라고 어필했다. 결과는 엄청났다. 자녀에게는 한우 고기를 사줘도 자신은 삼겹살 먹는 부모가 있는 것처럼, 자신은 좀 저렴한 홍삼을 먹고 싶어 하는 욕구가 있는 것이다. 그걸 잘 어필한 덕분에 행사는 성공할 수 있었다. 선물용 홍삼 말고 자신이 직접 먹는 좀 저렴한 홍삼을 찾는 고객들의 요구에 부응한 덕분이었다.

Part
09

불황 속에서도
살아남는
브랜드 전략

급변하는 시장에 대응, 온·오프라인 결합의 시대

오프라인 매장은 더 이상 오프라인 채널만으로 유통 시장에서 살아남기 어렵다. 오프라인 매장과 온라인을 결합해, 각각의 채널에서 고객들에게 어필해야 한다. 장기 불황의 시대에, 오프라인 매장은 가성비 넘치는 상품으로 고객들을 유인해야 한다. 그리고 온라인 채널을 활용해서 고객들이 쉽게 확인하고 온라인으로 살지, 아니면 오프라인 매장에 방문해서 구매할지 등 선택권을 주는 것이 좋다.

좋은 행사 상품은 오프라인 매장으로 사람들의 발걸음을 불러들일 수 있다. 그러나 오프라인 매장만으로 경쟁사 대비 우월한 지위를 유지하기에는 힘들 수 있다. 그러므로 사람들에게 더 알리기 위해 온라인 채널도 고려할 필요가 있다. 물론 경쟁력을 확보한 오프라인 매장이라고, 온라인 채널 진출이 마냥 쉬운 건 아니다. 기존 오프라인 채널의 성공이 되레 온라인 채널 확대의 걸림돌이 될 수도 있다.

홈플러스에서 선보인 '착한 치킨'이 홈플러스 매장으로 고객들이 모이게 만들어주었다. 가성비 좋은 조리식품이 고객들에게 오프라인 대형마트가 건재함을 보여준 것이다. 불과 10여 년 전에 롯데마트가 통 큰 치킨을 내놓을 때만 해도 치킨 프랜차이즈 매장, 즉 자영업자의 이익을 침해하는 대형 유통 채널의 횡포로 인식되어, 롯데마트가 판매 중단을 결정했었다. 그러나 지금은 상황이 많이 달라졌다. 프랜차이즈의 치킨 가격이 2만 원 중후반까지 올라가면서 대형마트의 가성비 간편 조리식품 인기가 더 늘어났다. 대형마트의 저가 행사 품목이 서민들의 아쉬운 경제 사정을 잘 헤아려준 덕분이다.

그런데 여기에서 그칠 것이 아니라, 오프라인 중심의 기업이 자사 브랜드 가치를 높이고 매출과 이익을 확대하기 위해서는 온라인 채널을 더욱 활용해야 한다. 오프라인 매장 곳곳에 키오스크 기기를 설치해서 언제든 온라인 쇼핑이 가능하게 해야 한다. 그리고 오프라인 매장은 체험 공간, 생활 서비스 공간, 모임 공간으로 활용할 수 있게 해주어야 한다. 이렇게 오프라인은 오프라인대로, 온라인은 온라인대로 각 채널의 특장점을 잘 활용해서 고객에게 듀얼로 접근하는 것이 필요하다.

물론 그냥 말로만, 온라인 채널을 활용해야 한다고 떠들어 대어서는 이뤄지는 건 없다. 각종 물류 체계에 대한 투자도 필요하고 온라인 채널 운영 인력도 있어야 하고 온라인 채널로 고객들이 지속적으로 방문하고 고객들이 둘러볼 수 있게 특가 행사 상품도 내놓아야 한다. 오프라인과 온라인 간의 채널 충돌은 피하고 고객들이 각각의 채널에서 느끼는 만족을 잘 이용해야 될 것이다. 오프라인의 경험을 어떻게 온라인에서 구현할지에 대한 고민도 잘 해결해야 한다. 이렇게 온·오프라인 채널을 잘 융화시킬 때에, 오래오래 고객들에게 좋은 평가를 받을 수 있다.

장기불황의
시대

싸야 잘 팔린다. 지금 같은 불황의 시대에, 초저가, 가성비 상품은 사람들이 알아서 구매하러 온다. 이커머스 몰이 이용하기에 조금 불편해도, 가격만 좋으면, 사람들이 알아서 뽐뿌 같은 곳에 행사 상품 정보를 공유하고 퍼 나르면서 알아서 가성비 좋은 상품을 판매하는 이커머스 몰을 홍보해준다.

홈플러스 이춘삼 짜장라면은 4개 1팩에 2,000원이다. 1개 500원 꼴이다. 농심의 짜파게티가 5팩에 4,500원 행사일 때, 개당 900원 꼴이다. 가격을 비교하면, 이춘삼 짜장라면이 짜파게티보다 44% 저렴하다. 그래서 사람들이 점점 이춘삼 짜장라면을 사서 먹어보려 한다. 생각보다 맛도 나쁘지 않다고 한다. 삼양라면에서 만든 제품이니 최소한 기본 이상은 할 것이다. 어쩌면 짜파게티의 아성을 넘을 날이 올지도 모른다. 물론 고작 1,000원 미만의 상품에 사람들이 그리 변심할까 싶지만, 사람들의 지갑 사정이 갈수록 안 좋아지고 있어 이춘삼 짜장라면이 더 인기를 끌 수도 있다.

편의점에서도 1,500원짜리 도시락이 등장하고 780원짜리 버거가 등장한다. 고물가, 고금리 시대에 먹거리 가격이 인상되면서 사람들이 가공식품 가격에도 부담을 느낀다. 그러다 보니, 이마트24 편의점에서는 쌀밥과 볶음김치로 구성된 원더밥 도시락을 1,500원에 판다. 커피 한 잔보다 더 산 초저가 상품이다. CU에서는 2,000원에 제육볶음과 밥이 있는 도시락을 출시했고, 2주 만에 백 만개를 팔았다. 가계 여건이 어려워지면 당연히 초저가 상품들, 가성비좋은 상품에 관한 관심이 늘 수밖에 없다.

최근에는 중고 상품 거래하는 당근마켓에서 조차 거래량이 줄었다고 한다. 그만큼 사람들이 돈이 없어서 곤경에 처해 있다는 이야기다. 이러한 트렌드가 유통 시장에 영향을 미치는 것은 당연한 일이다. 오프라인의 다이소 매장은 1,000원에서 5,000원까지의 저가상품들로 매장이 구성되어 있다. 그리고 많은 사람이 생필품, 각종생활용품을 산다. 요새는 화장품조차 다이소에서 살 수 있을 정도다. 다이소 매장 안의 상품은 5,000원 미만이기에, 가격표에 덜 민감해하며 구매할 수 있다.

이마트의 값싼 피자, 홈플러스 착한 치킨 같은 즉석조리 제품도 가성비가 좋으면 사람들이 산다. PB 우유도 남양우유나 서울우유보다 가격이 저렴하니 더욱 매출이 늘고 있다. 이처럼 가격이 저렴하면서 품질이 좋은 제품은 앞으로 더욱 매출이 늘어날 것이다. 그러므로 유통 시장에 새로이 진입하려는 브랜드나 온라인 셀러들은 가격 경쟁력이 확보된 상품들을 구비하는 것이 좋을 것이다. 그래야 고객들에게 쉽게 알려질 수 있을 것이다.

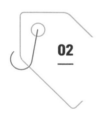

02 급변하는 시장에서 살아남기 – 악성 재고 처리

  안 팔리는 상품을 처분하는 것만큼 힘든 일도 없다. 그러나 온라인 유통 시장에서는 항상 잘 팔리는 소수의 상품과 안 팔리는 다수의 상품이 있다. 악성 재고를 어떻게 처리해야 하나라는 고민은 온라인 유통에 종사하는 모든 이들의 영원한 숙제다. 그래서 항상 어떻게 대응할지를 가이드를 만들어둬야 한다. 그 가이드를 만들기 위해 다른 온라인 셀러의 처리 방식도 눈여겨봐야 한다. 그래야 내가 더 제대로 된 악성 재고 방안을 갖출 수 있다.

  통상적으로 안 팔리는 상품은 판매가격을 인하하거나 여러 개를 묶어서 파격적인 할인을 적용한다. 이렇게 해서 하루빨리 소진해야 창고 보관비용이나 각종 부대 비용이 덜 들어간다. 당장은 악성 재고를 떨어내는데, 손실을 감수해야 한다. 그래서 손해 안 보겠다는 마음을 가지면 악성 재고를 처분하기가 어렵다. 온라인 유통 시장에서 자기 창고에 매입한 상품이나 자기 제조 상품을 가지고 판매하는 셀러들 입장에서는 더 유연한 모습이 필요하다.

안 팔리는 상품의 판매가격을 고수하고 계속 가지고 가는 건, 되레 더 큰 손해를 부른다. 창고 공간을 차지하고 있어서 새로운 상품을 들여서 매출을 더 내거나 이익을 만회할 기회가 차단된다. 가망 없는 상품의 손익을 따지기보다는 그 상품의 손실을 전체 매출과 이익에서 아픈 손가락으로 인식하고 어떻게 줄여나갈지에 집중해야 한다.

매입한 지 얼마 3개월이 지난 상품에 대해서는 20%, 30%, 6~9개월 이상이면 50% 할인, 1년 이상이면 70~80% 할인 등 나름의 가이드를 가지고 있어야 한다. 그리고 항상 재고에 대한 이자 비용, 창고 보관비용, 배송 비용 등 고정비가 얼마 정도가 드는지 파악한 뒤, 재고 회전일수도 관리해야 한다. 그래야 잘 팔리는 상품은 여유 있게 발주해서 안전 재고를 확보해둬서 재고 품절로 판매 기회 로스가 생기는 것을 막을 수 있다.

악성 재고 처분을 늦출수록 절대 재고금액은 늘어나고, 다른 판매 도전을 막는 독이 될 수 있다. 그래서 항상 악성 재고를 소진하는 비용으로 별도 책정해놓는 것이 좋다. 전체 운영 상품에서 최소 2, 3%는 악성 재고 소진을 위한 비용으로 설정하고 악성 재고를 없애는 활동에 제약이 안 가게 해놓아야 한다. 그래야 상품 소싱이 위축되지도 않고 신상품 개발에도 힘을 실을 수 있다. 잘 팔리는 것이 있으면 안 팔리는 상품도 당연히 존재한다. 좋은 것만 취하고 안 좋은 것은 안 하겠다는 마음은 온라인 셀러로 오래 활동하는 데 걸림돌이 된다. 그러므로 악성 재고 소진을 위한 활동은 항상 계속되어야 한다는 인식을 해야 하겠다.

시장
철수하기

온라인 사업을 하다가 뜻대로 시장이 흘러가지 않아 모든 것을 손절해야 될 때도 생긴다. 사업의 고수들은 몇 달 해보고 판이 내 바람대로 흘러가지 않으면, 곧바로 손절한다. 그동안 들인 돈보다 앞으로 더 손해 보게 될 돈을 계산하고 과감히 접는다. 그런 결정을 하는 이가 정말 고수다. 물론 절대 쉬운 결정이 아니다. 조금만 더 조금만 더 이러다가 늪에 빠진 이들처럼 허둥지둥 댄다. 돈은 돈대로 더 들어가고 건강도 망가지고, 모든 것들이 엉망 되는 경우가 많다.

장사 잘되는 곳에서 일 많아서 힘들 때 보다 안 되어서 철수할 때 심리적인 부담이나 압박이 몇 배 더 크다. 돈도 돈이지만 그동안 들인 정성이 전부 허사가 된다는 생각이 더 허탈해진다. 그럴수록 마음을 부여잡아야 한다. 이것이 끝이 아니라 잠시 후퇴해서 재정비한 뒤에 다시 도전하겠다고 각오해야 한다. 잘 될 때는 내가 세상을 다 가질 거 같지만 안 되면 한없이 초라해진다. 그럴 때, 자기 자신을 내가 믿어줘야 한다. 지금 초라해져도, 바닥으로 내동댕이쳐진 상태여도 다시 기회가 올 거라고 믿는다.

온라인 유통 시장에서 생각처럼 흘러가지 않아서 철수하고 어려워하는 이들이 한둘이 아니다. 상당수는 너무 부푼 희망을 안고 진입한 탓이다. 오프라인 가게 장사하는 것 못지않게 레드오션인 곳도 많다. 온라인도 자리 잡으려면 시간과 공을 들여야 한다. 그리고 어떤 것은 내가 아무리 노력하고 애써도 못 넘는 높은 장벽인 영역도 분명히 있다. 그러므로 해보고 아니다 싶으면 하루빨리 손절하는 것이 손해를 덜 보는 길이다.

정말 대박 나는 기회는 평생 안 올 수도 있다. 그리고 더 낮은 자세로 차근차근 계단식으로 밟고 올라가면서 내공도 쌓고 노하우도 다져간다는 마음으로 움직여야 한다. 남들보다 땀을 더 흘릴 각오도 하고 시장 흐름도 관찰해야 하고 할 것이 너무 많다. 남을 밀치고 그 자리를 내가 차지해야겠다는 그런 나쁜 마음도 버려야 한다. 내가 밀지 않으면 남이 나를 밀친다고 생각할 수도 있다. 그러나 최대한 정도를 지키며 활동해야 한다. 그래야 온라인 유통 시장에서 오래오래 지낼 수 있다.

온라인 시장에서 서두르며 욕심부리지 말고 자기만의 속도로 앞으로 전진할 생각을 하는 것이 좋다. 이렇게 차분히, 보수적으로 움직이면서 애쓰다 보면 의외로 빨리 기회가 올 수도 있고, 대박은 아니어도 중박이 생기기도 한다. 기대가 높으면 실망도 크고, 낮은 자세로 오래하겠다고 마음먹으면 괜찮아지기도 한다. 그러므로 철수도 하나의 배움이라고 여기고 너무 낙심하지 말고 하나둘씩 다듬어가는 것이 좋겠다.

시장 리스크 대비하기

우리는 지금 경제 위기의 시대에 살고 있다. 언제 어떤 경제 충격이 터져도 하나도 이상하지 않다. 내일 당장 무너질 기업들이 너무 많다. 경제가 점점 한계 상황으로 가고 있는 듯하다. 부채 때문에 힘들어하는 기업이나 가계도 많다. 그래서 더욱 사람들의 지갑이 얇아지고 있다. PB 상품 선호도가 높아지고 가성비 상품을 더 찾는 것이 요즘의 모습이다. 이러한 상황을 무시하며 지낼 수 없다. 사람들의 가처분 소득이 줄어드는 지금의 상황도 현재 유통 트렌드의 한 단면이다.

세상에 쉽게 돈 버는 일은 거의 없다. 한동안 자산 시장에서 거품이 많이 끼었고 정상적인 기업 활동보다는 주식 시장의 호황과 부동산 시장의 열기가 실물경제까지 착시 효과를 일으킬 정도로 엄청 났다. 그러나 서서히 그런 모습들이 변하고 있다. 자산시장의 열기가 사그라들고 있다. 점점 더 어려워지고 있는 현실을 살펴볼 줄 알아야 한다. 가성비를 추구하는 상황에 맞는 모습으로 온라인 비즈니스를 검토해야 한다.

지금은 함부로 사업 규모를 늘리거나 투자를 확대해서는 곤란하다. 상황이 안 좋다. 대출로 사업을 일으킬 생각은 더더욱 해서는 곤란하다. 사람들 주머니에 돈이 없다. SNS상에서 보이는 우아하고 그럴싸해보이는 모습에 넘어가면 큰일 난다. 그보다는 더 실리를 추구해야 한다. 소비 빙하기의 시대에 사람들이 어디에 관심을 가지는지 관찰해야 한다.

중고 상품도 그냥 버리지 않고 당근마켓 같은 플랫폼에서 판매해서 한 푼이라도 더 벌려고 혈안이다. 배달의 민족 음식 배달 아르바이트나 쿠팡 이츠도 경쟁이 치열하다. 모자란 소득을 아르바이트로 충당하려고 애쓴다. 그런 상황이라, 고급 브랜드, 고가 상품보다 저가 가성비 상품에 사람들이 더 관심을 둔다. 앞으로 최소 5년 이상은 그런 모습이 정착될 것이다. 결국 장기 불황이 도래하고 있다는 이야기다. 농심 라면 매출이 급증하고 있다는 뉴스를 봤다. 확실시 사람들이 먹는 것에도 돈을 아끼는 중이다. 어떻게든 절약하고 더 저렴한 상품을 찾아 나서는 것이 요즘 분위기다.

극단적으로 소비를 줄일 정도로 경제 위기가 심해지는 지금, 어떻게 브랜드를 구축하고 온라인 유통 시장에서 자리매김을 할지, 고민을 많이 해야 한다. 과거에 쉽게 되던 것들이 앞으로는 어려워질 수 있다. 시중에 돈이 줄어들고 사람들이 더욱 가격에 민감하게 반응하고 있다. 변해가는 상황 하나하나를 트렌드로 인식하고 잘 대응하겠다고 각오해야 한다. 그리고 비용이 발생하지 않는 립 서비스, 말로 하는 응대는 더 확대해야 할 것 같다. 그래야 불황의 시대에 오래오래 살아남는 브랜드와 상품으로 자리매김하지 않겠는가?

갑작스러운 상황에 대응하기

위기에 대응하기란 정말 쉽지 않다. 갑작스러운 위기는 대체로 돈 문제다. 거래처가 돈은 받았는데, 물건을 안 주는 경우, 같이 일하는 동료가 사업 자금을 가지고 도망간 경우, 새로운 상품 개발을 하기 위해 돈을 건넸는데, 알고 보니 상품 제조 업자가 거짓을 말하고 엉터리로 상품을 만드는 경우, 종류는 차고 넘친다. 그럴 때, 순식간에 무너질 수 있다. 내게 왜 이런 일이 생겼나, 하며 하늘을 원망하는 마음이 생긴다.

사업의 매출이 저조하거나 상품이 안 팔려서 창고에 쌓이고 있을 때는 도리어 갑작스러운 위기라기보다는 눈에 보이는 위기여서 충격이 덜할 수 있다. 물론 스트레스는 심하겠지만 매일같이 어떻게 해야 하나라는 고민을 하기 때문에 큰 쇼크가 되지는 않는다. 그런데 아주 가까이 지내던 이가 뒤통수치는 경우, 그냥 주저앉고 엉망이 된다. 그러므로 항상 조심 또 조심하는 수밖에 없다. 그런데도 쇼크가 닥치면 최대한 한발 물러서고, 다른 것에 집중하며 제정신으로 돌아올 때까지 기다려야 한다.

자기만의 스트레스 해소, 충격 해소법을 찾아야 한다. 그것이 등산이든, 산책이든 뭐든 어딘가에 몰입해서 잠시라도 벗어나야 한다. 안 그러면 너무 큰 충격에 화가 치솟아서 심한 병에 걸릴 수도 있다. 오래오래 안정적인 온라인 셀러로 활동하기 위해서는 더욱자기 멘탈 관리가 필요하다. 특히나 온라인 유통 시장에서 1인 다역을 하는 이들이 많다. 그들은 너무 많은 일을 하고 있고, 각종 상황에 대응하느라, 고생이 많다. 그런 이들이 한순간에 무너지면 온라인 사업 전체가 뒤흔들릴 수 있다.

생각지도 못한 충격, 위기가 당장은 쓰린 기억이지만 나중에는 소중한 자산이 될 수도 있다. 그러므로 절대 잊지 말고 기억하고 기록해둬야 한다. 잊고 싶은 기억을 다시 끄집어내고 싶지 않아 하지만, 그것을 보관 해둬야 나중에 더 큰 위기를 피할 수 있을 것이다. 강한 파도와 비바람이 우리를 두렵게 만들기도 하지만 때로는 응전의 힘을 주기도 한다. 그래서 가끔은 더 강한 파도가 치는 바다를 겁내지 말고 맞서야 한다.

실패가 주는 기억은 오래오래 남을 수밖에 없다. 직접 겪은 실패, 위기를 멀리하고 두려워하면 나아질 기회를 스스로 폐기하는 것과 같다. 수많은 실패를 극복한 다음에야 의미 있는 성공을 만날 수 있을 것이다. 그러므로 당장은 괴로워도 약이라고 생각하고 파헤쳐야 한다. 지금 당장은 힘들면 조금 놔뒀다가 정신이 차려지면 꼭 파헤치고 분석해야 한다. 그러면서 자기 생각도 정리하고 다른 이의 의견도 구한다. 그래야 나중에 성공의 밑거름으로 활용할 수 있을 것이다.

03 평생 하겠다는 각오로 사업하기

내가 좋아하고 나의 영혼을 쏟을 수 있는 일이어야 한다. 그래야 내 평생의 일이 될 수 있다. 앞으로는 학벌보다는 그 사람의 결과물, 성과가 더 중요해진다. 당장 나이 마흔만 넘어가도 어느 대학을 나왔는지 안 묻는다. 그 보다 무슨 일을 하고 있고 어떤 성과를 냈는지를 묻는다. 그의 성과는 그가 지금 당장 어떤 일을 할 수 있는지를 알려준다. 그러므로 실질적인 결과물이 중요하다. 내가 좋아해서 더 집중할 수 있어야 제대로 된 결과물을 낼 수 있다.

함부로 사업해서 큰돈 벌겠다고 욕심부리면 큰일 난다. 빚내는 것을 쉽게 생각하면 빚에 짓눌려 삶이 엉망 되고 사업을 쉽게 생각하면 제대로 된 경험을 갖추기도 전에 사업의 크고 작은 일에 휘둘려 인생이 제대로 흘러가지 못한다. 그러므로 정말 신중하고 또 신중해야 한다. 스스로 자주 물어야 한다. 내가 무엇을 할 수 있는지를. 계속 확인하고 또 확인해야 한다. 그래도 실수하고 오판할 수 있다. 그래서 더욱 신중함이 있어야 한다.

내가 관심이 가고 좋아하는 일이면 억지로 해야 하는 일보다는 한결 집중할 수 있다. 내가 하고 싶어서 한 일은 더 에너지가 나는 법이다. 그러므로 내가 정말 무엇을 좋아하는지 파악해야 한다. 돈 되는 것만 쫓아다니면 일이 더 꼬일 수 있다. 남에게 보이는 체면과 명예 이런 것에 목매지 마라. 그런 것보다 진짜 실질적인 성과가 더 중요하다. 성과를 낸 경험이 있어야 힘들고 어려운 일도 극복할 수 있는 법이다.

많은 사람이 암기, 지름길, 비법에 빠져 변별력, 차별성이 사라져 버렸다. 남들과 비슷한 상품, 서비스를 내놓아서는 고객들의 선택을 받기 어렵다. 남의 것을 베끼기만 해서는 남들보다 나은 성과를 내지 못한다. 나 스스로 다짐하고 헤쳐나가며 만들어가는 독창성이 있어야 한다. 그래야 평생의 내 일로 가져갈 수 있다.

진심으로 일에 대한 열정과 의욕이 있어야 한다. 그래야 남에게 제대로 된 도움도 요청하고 받을 수도 있다. 요행과 욕심만 바라면 그와 비슷한 탐욕 덩어리의 사람들만 꼬이고 착실히 오래하려는 사람들과는 가까워지기 어렵다. 자신이 바로 서야 어울리는 집단도 질이 좋아질 수 있다. 그러므로 자신에게 속이거나 가짜를 요구해서는 안 된다. 자기만의 철학이나 신념을 잘 반영하는 온라인 판매업이 되어야 오래오래 지속할 수 있을 것이다.

기대가 크면
실망이 크다

처음에는 기대를 최대한 낮춰야 한다. 당장 대가를 바라는 건 좋은 모습이 못 된다. 차분히, 그 시장 영역 안에서 배워가야 한다. 적응하는 것이 먼저다. 돈 벌 궁리 먼저 하는 건 순서가 잘못된 것이다. 보상이 금방 오지 않는다. 차근차근 익숙해지는 것이 필요하다. 온라인 유통 시장에서 자리매김하는 데 시간이 걸린다. 적지 않은 시간을 투자해야 한다. 큰 보상을 먼저 기대하면 오래 운영하기 어렵다. 기대는 최대한 적게 가져야 한다. 실망하지 않고 끈기 있게 앞으로 나아갈 힘을 갖는 것이 먼저다.

처음에는 들인 시간과 정성보다 보상이 적다. 몇 달, 몇 년이 그럴 수도 있다. 그래도 괜찮다는 마음으로 시작을 해야 할 것이다. 기대하지 않았는데, 큰 매출이 나오고 큰 이익이 생기면, 그것이 좋은 일이 아니라 독이 될 수도 있다. 사람의 마음은 간사하다. 자신이 무엇을 잘해서 매출이 나온 것인지 모르는데 매출이 크면 위험할 수 있다. 되레 처음에는 잘 안 되는 것이 나을 수 있다. 물론 아예 매출이 계속해서 0이 되면 의욕이 안 생겨서 계속할 동력이 떨어질 수 있다. 그러나 초창기에 기대 이상의 큰 성공은 온라인 판매자로 시작하는 데에 좋은 일이 아니라, 해가 된다.

기대수준을 최대한 낮추고 차근차근 오래 해나갈 정도의 성과가 나오는 것이 좋다. 물론 이것이 뜻대로 되는 것이 아니다. 그러므로 크든 작든 성과를 차분히 바라볼 수 있어야 한다. 그래야 오래오래 지속할 수 있다. 오래가는 힘이 가장 중요하다. 초기에 기대가 크면 금세 지치거나 실망한다. 그보다는 이 일을 평생 한다고 생각하고 서서히 축적해나가는 것이 좋다.

초창기에 너무 많이 벌면 그것이 당연한 거처럼 착각하기 쉽다. 다음에 매출이나 이익이 적어지면 실망하고 포기할 수도 있다. 처음에는 돈 못 버는 시기를 당연히 거쳐야 하는 시기라고 생각해야 한다. 데뷔하자마자 스타가 되는 법은 없다. 그럴 수 없다. 꽤 오랜 무명 기간을 거쳐야 할 수 있다. 오래 견디고 버틸 수 있어야 괜찮은 자리매김이 가능하다.

그리고 생각지도 못한 기회가 올 때, 그 기회를 잘 포착할 수 있도록 평소에 수시로 마음을 먹어놓고 대비하고 있어야 한다. 어떻게 대응할지가 정해져 있어야만 그 기회를 놓치지 않을 수 있다. 잘 구상해두어야 한다. 시나리오를 설계해놓고 그대로 예행연습도 해두는 것이 좋겠다. 그런 식으로 준비해놓고 있어야 한다. 기회가 금세 오지 않아도 낙심하지 않고 지낼 수 있어야 한다.

천천히, 오래할 수 있는 것을 추구하기

무슨 일이든 자리매김한다는 것이 절대 쉬운 일이 아니다. 초기에는 항상 장밋빛 꿈을 가지고 뛰어들지만 조금만 시간이 지나면 녹록지 않는다는 것을 알게 된다. 그래서 버틸 수 있을까 걱정이 된다. 계속해야 할까, 그만둬야 할까 온갖 고민이 다 든다. 들일 수 있는 돈은 한정되어 있어서 얼마나 버틸 수 있을지도 고민스럽다.

이런 고민은 자기만의 사업을 시작하는 누구에게나 있는 숙제다. 생존이 최우선이다. 살아남아야 자신이 바라는 뜻을 펼칠 수 있다.

그런데 자리 잡는 데 시간이 얼마나 걸릴지 모른다. 남들은 쉽게, 금방 자리 잡는 거 같은데, 나만 오래 걸리는 거 같다. 그러나 그런 비교는 의욕을 떨어지게 만든다. 남과 비교질하며 자신을 자책하지 마라. 남들 볼 생각보다는 내 처지, 내가 할 수 있는 것에 집중하는 것이 낫다. 옆에서 입으로만 떠들어대며 조급하게 만드는 이가 있으면 관계를 끊어버리는 것이 낫다. 아무도 모르는 것이 사업이다. 그중에서 온라인 사업은 더 그러하다. 온라인 사업이 금세 불타오르는 거처럼 쉬울 거 같지만 절대 그렇지 않다.

온라인 유통이 경쟁이 더 치열하고 더 어렵다. 쉽지 않다. 금세 경쟁자가 따라오고, 추격해온다. 내가 가진 강점을 남들이 금세 흉내 내고 따라 한다. 그래서 항상 새로운 것을 추구해야 하고 또 경쟁 우위에 서기 위해 애써야 한다. 어떻게든 내 상품을 잘 노출 시키고 잘 팔리게 하려고 나만의 비법을 가지고 있어야 한다. 그리고 그것으로 오래오래 평생 할 궁리를 해야 한다. 이렇게 그 분야에 오래 머무르면 언제든 기회는 온다.

내가 꾸준히 하고 있으면 경쟁자들이 알아서 떨어져 나가거나, 내가 그간 축적해놓은 것으로 계속 유지하거나 한다. 매일 꾸준히 행사하거나 판매촉진 활동을 펼치면 내공이 쌓이고 노하우가 만들어진다. 고객들의 이야기에 귀 기울이다 보면 상품 개발의 기회와 만날 수도 있다. 클레임 것은 고객들의 말조차 약이 될 수 있다. 그냥 되는 건 절대 없다. 온갖 어려움과 고충이 전부 피와 살이 된다.

그리 생각하고 받아들이면 뭐든 내가 평생 해나가는 이 사업에 도움이 된다. 그리 믿고 계속 유지한다. 이런 태도가 경쟁력이고 평생 하는 힘이 된다.

오래할 수 있는 것을 추구한다는 말은 참 어려운 말이다. 힘든 일이다. 그래도 이왕 시작한 거면 평생 하겠다는 각오로 임해야 하지 않겠는가. 대충 조금 해보다가 안 되면 접겠다는 생각이면 안 하는 것이 나을 수도 있다. 평생 이 분야에 뛰어들어서 머물겠다는 마음이면 분명 절반 이상은 이뤄놓은 것과 같다. 정말이다. 절대 포기하지 말고 평생 한다는 마음가짐만으로도 남들보다 경쟁력을 가질 수 있을 것이다.

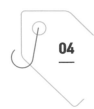

04 기대를 높이기 위해 더 낮아진다

더 낮은 자세로 살아야 한다. 그래야 온라인 판매자로 자리매김할 수 있다. 앞으로 외부 경제 충격이 더 심해질 수 있다. 미국, 유럽, 중국 등 세계 경제가 심상치 않다. 게다가 원재료 가격 폭등 등으로 이커머스 시장에서 사업을 하는 이들에게도 좋은 상황은 못 된다. 자산 시장의 거품도 대거 문제가 될 수 있고, 그로 인한 여파가 커질 것이다. 언제든 어려움을 겪을 수 있다. 그래서 더욱 낮은 자세여야 한다. 철저히 자본주의의 실탄인 현금이 필수다. 현금이 있어야 오래 버틸 수 있다. 지금은 최대한 조용히 지내면서 스스로 살 궁리를 해야 한다. 안전을 추구해야 한다.

위기, 어려움에 대비하는 자세가 필요하다. 경제 상황이 많이 심각하다. 한국 경제는 양털 깎기를 앞두고 있다. 잊지 말아야 한다. 더 신중해야 한다. 잘 움직여야 한다. 현실을 무서워해야 한다. 최악의 상황에서 플레이해야 한다. 그러므로 돈 내놓는 것을 정말 조심해야 한다. 사람들을 이용하는 악인들이 창궐하는 세상이다. 자신의 땀, 노력 말고는 함부로 다른 것을 추종해서는 안 된다. 함부로 타인을 믿으면 안 된다. 갑질하고 괴롭히고 뒤통수치는 놈들이 너무 많다.

함부로 자기 신상을 공개하지 않는다. 속내를 다 드러내면 안 된다. 비대면 이커머스 시장이라 사기와 조작이 더 심하다고 보면 맞다. 가난하다, 가정환경이 안 좋다는 등의 말을 하지 않는다. 괜히 떠벌렸다가는 악인들이 더 갑질하고 횡포를 부리게 된다. 세상을 쓰레기들이 가득한 곳이라고 생각하는 것이 더 안전하다. 점점 힘들고 어려워진다. 점점 험악해진다. 가만히 있는데 나서서 나를 도와주는 이들이 많다고 착각하면 안 된다. 경쟁자들이고 나를 이용하려는 이들이 많다. 조심해야 한다.

나의 시간과 에너지를 소모하게 만드는 이들은 진짜 멀리해야 한다. 이런 것을 낭비하게 하는 이들을 조심해야 한다. 낭비되고 나면 회복하는 데 시간이 오래 걸린다. 학교든, 사회든, 직장이든 내 것을 빼앗아가는 놈들이 많다. 그래서 조심해야 한다. 낭비하지 않도록 신경 써야 한다. 내 열정, 내 에너지를 써야 할 때를 위해 비축해둬야 한다.

스스로 강해져야 한다. 이상한 인간들은 바로 차단하고 거리를 둔다. 온전히 내 에너지로 먹고살 생각을 해야 한다. 남들이 잘하는 거 말고 내가 잘하는 것에서 내가 먹고살 수 있다. 온라인 유통에 뛰어들었고 활동하고 있다면 철저히 내가 잘 아는 상품, 잘 팔수 있는 제품에만 관심을 두고 성과를 만들어낸다. 그것 외에 함부로 다른 곳에 눈을 돌리지 않는다. 내 에너지를 집중할 수 있는 영역을 소중히 생각해야 한다. 그래야 내가 성장하고 잘 될 수 있다. 남의 떡이 커 보인다고 함부로 욕심내서는 안 된다.

기대치를 낮추고 구체적으로 행동하기

스웨덴어로 '스토우트(Staut)'는 참다, 견딘다, 버틴다는 뜻이다. 그런 태도와 자세가 지금은 가장 필요하다. 세상이 너무 심상치 않게 돌아가고 있어 더욱 유의해야 한다. 어떻게든 생계를 지켜나가면서 사업을 할 수 있어야 한다. 무리하지 않으면서, 안정적으로 사업을 꾸려갈 궁리를 해야 한다. 처음부터 끝까지 페이스 조절하며 지낼 수 있어야 한다. 생활비를 언제쯤 제대로 벌어들일 수 있을지 계획 세우고 움직여야 한다. 자기 상황에 맞게 움직여야 한다.

사업은 잘될 때도 있고 안 될 때도 있다. 지금 제대로 운영하고 있는지 걱정될 때가 많다. 그럴 때일수록 더욱 눈앞의 일에 충실해야 한다. 함부로 남의 말에 휘둘리지 않도록 조심해야 한다. 남의 말만 믿고 결정했다가 손해 보는 일이 많이 발생한다. 막연한 기대에 피 같은 돈을 내놓았다가 잃으면, 복구하는 데 몇 배나 더 힘이 든다. 그러므로 자신의 행동에 신중해야 한다.

AI와 로봇에게 우리의 일자리를 빼앗길 수도 있는 시대가 오고 있다. 아니 이미 와 있다. 그런 세상에서도 온라인 유통은 존재하고, 판매자도 있고 고객들도 있을 것이다. 그러므로 급변하는 시대에 휘둘려서는 안 된다. 어떻게든 내 역할이 있고 내 자리가 있을 것이라고 믿는다. 그리고 세상의 변화에 적응하도록 애쓴다. 낙오하고 도태되지 않기 위해 구체적인 실천을 해야 다. 그리고 행동하면서 잘된 것, 못 된 것을 따져 보고 지속적으로 업그레이드해야 한다.

잘 풀려도, 안 풀려도 매일 하루만큼의 몫을 다해서 움직여야 한다. 지루한 이야기일 수도 있지만, 그것이 우리 삶의 대부분이다. 일상, 습관, 평범한 모습들이 인생이다. 드라마틱하게 크게 성장하고 큰 보상을 받는 건 거의 없다. 생각지도 못한 큰 성과는 언제든 사라질 수 있다. 우연히 온 것을 내 것이고 내 능력으로 착각하면 안 된다. 그보다는 묵묵히 지루하게, 따분해보이는 일상을 챙겨나간다. 그것이 현명한 모습이다.

내가 판매하는 상품, 판매 활동에서도 본질이 있다. 정말 핵심이 있다. 그리고 의미도 있다. 그러한 것들을 담은 행동, 실천해야 한다. 내가 정말 원하는 활동을 하고 있는지, 그리고 지금 하는 이 모습이 최선인지 날마다 나 자신에게 묻는다. 그리고 내 결정이 맞다면 그에 따른 행동을 매일 실행해나간다. 생각보다 아주 더디게 진도가 나갈 수 있다. 생각보다 느리게 이뤄지는 것을 당연하게 생각한다. 원하는 것을 이룰 때까지 기다릴 수 있어야 하겠다.

05 남에게
휘둘리지 않기

　사람은 서 있는 위치에 따라 생각이 달라진다. 판매자와 고객의 입장도 그러하다. 대척점에 있는 것과 같다. 고객이 하는 말이 다 맞을 것 같지만, 내가 서 있는 판매자 처지도 고려해야 한다. 시장이 바라는 목소리를 내가 다 수용할 수 없다. 내 처지, 내 자본금, 내 상품 구색, 각종 상황을 다 고려해야 한다. 그래서 내 처지에 맞는 판매 전략이나 행동이 필요하다. 이론적인 이야기들을 듣더라도 남의 잣대에 끌려다녀서는 안 된다. 그러면 내 중심이 흔들릴 수 있다.

　지금의 세상에서는 온갖 가짜와 사기꾼들이 넘쳐난다. 그들이 함부로 남을 무시하고 자기 생각대로 움직이게 강요한다. 갑질이 너무 심하다. 자기 원하는 대로 사람들이 숨 쉬고 행동하도록 계속 지시하고 요구한다. 계속 망신 주면서 상대방의 멘탈을 무너뜨리고 자기 생각대로 행동하는 로봇이 되게 만들려 한다. 나쁜 놈들이다. 그런 고객들도 있고, 상품 공급자도 있다. 그들에게 쉽게 휘둘리지 않아야 한다.

나는 나대로 살아야 한다. 내 사업이고 내 일이다. 남의 말에 내 중심을 맡겨서는 안 된다. 안될 때는 조금 쉬고, 여유 부리는 것도 괜찮다. 남의 말만 따르는 것보다는 쉬는 것이 차라리 낫다. 남에게 이용당하고 학대당하는 데 익숙해지면 안 된다. 기득권들이 짜놓은 규칙, 요구에 얽매이지 않도록 자신을 지켜야 한다. 물론 아무것도 안 하는 것보다 무엇이든 하는 것이 낫다. 그러나 어떻게 하느냐, 무엇을 하느냐도 잘 생각해야 한다. 내 선택, 결정에 따라 내 인생이 달라진다. 끌려다니는 삶이 아니라 내가 원하는 삶을 살아가야 한다.

내 생각, 내 뜻이 남들의 생각과 맞지 않을 수 있다. 나 또는 남이 모두 틀릴 수 있다. 그래서 이왕이면 내가 중심이 되어 선택하고 결정하는 것이 낫다. 내 인생이고 내 것이다. 내 역할, 역량은 내가 가지고 있다. 내 에너지를 제대로 쓰겠다고 각오한다. 때로는 세상이 나를 알아주지 않는다고 서러울 때가 있다. 원망스럽기도 하다. 그래도 내 힘을 의심하지 않는다. 남의 기대에 끌려다니지 않겠다고 결심한다. 나 자신에게 더 투자하고 시간을 나에게 더 쓴다. 그래야 내가 성장할 수 있다.

내가 처한 상황에서 내가 잘 팔리는 상품을 기획하고 또, 판매 활동들을 잘 만들어나간다. 가늘고 길게 평생 할 수 있는 나의 사업을 갖는다. 내 능력을 갖춰서 더 좋게 만들어낸다. 열심히 살면 노력한 시간이 나를 좋게 만들어줄 것이다. 고객들이 내가 취급하는 상품에 반응해줄 것이다. 지금의 노력, 정성을 허사라고 생각하지 말자. 잠시 별로인 거 같아도 다시 일어서서 움직인다. 내 꿈, 내 바람을 이뤄낼 날이 올 것이다. 조금씩 전진하면 분명 자리매김하는 날이 올 것이다.

1인 가구의 주머니 사정을 해결해주는 대용량 삼겹살

최근 몇 년사이에 삼겹살 가격이 너무 올랐다. 한때는 100g당 1,000원 이하로 국산 삼겹살을 사 먹을 수 있었는데, 이제는 그 가격을 보기가 어렵다. 오프라인 대형마트에서 정말로 1년에 1번, 삼겹살데이 때, 카드사 할인 등 여러 혜택을 총동원해야 겨우 1,000원 초반대로 구입할 수 있다. 그런데 보통 사람들은 삼겹살을 종종 먹고 싶어 한다.

특히나 주머니 사정이 좋지 못한 1인 가구들에게 소용량의 600g, 1kg의 냉장 국산 삼겹살은 너무 비싸다. 그러나 3kg라는 대용량의 수입산 삼겹살, 그것도 냉장이 아닌 냉동으로 되어 있는 삼겹살은 월등히 싸다. 국산 냉장 삼겹살과 비교하면 가격이 절반 이하다. 어차피 냉장 삼겹살도 사서 남으면 냉동실에 보관하는 것 아닌가. 그리고 수입산 삼겹살이라고 국산 삼겹살보다 품질이 안 좋을 거라는 생각은 편견이다. 그걸 깨자. 이런 기획 의도로 대용량 냉동 삼겹살 행사를 했다.

당연히 고객 반응은 엄청났다. 싸게 사서, 냉동실에 보관하며 필요한 양만 먹으려는 1인 가구들의 호응이 폭발적이었다. 용량을 대폭 늘리고 가격을 왕창 낮춘 덕분에 성공할 수 있었던 온라인 행사였다.

에필로그

무슨 일이든 금방 되는 것은 없다.
오솔길 같은 온라인 셀러의 길이
탄탄대로가 되기 위해…

내가 온라인 유통을 다 알거나 어떤 상품도 다 잘 팔 수 있는 건 아니다. 그래도, 정말 의욕이 있고 열심히 오랫동안 자기 상품에 대해 판매할 각오가 있는 셀러라고 하면 같이 온라인 판매를 해보고 싶다. 같이 의논해서 그 셀러의 상품이 온라인 시장에 자리매김하고 매출을 올리고 이익도 만들 수 있게 도움이 되고 싶다.

물론 내가 아무리 이야기해도 들을 자세나 태도가 안 되어 있으면 내가 하는 말은 전부 잔소리이고 쓸모없는 말이다. 그럼에도 불구하고, 한 번 해보자. '죽으나 사나 이 상품은 내가 평생 팔아내야 하는 상품이다.' 정말 평생 팔면서 고객들에게 인정받겠다는 이런 각오를 가진 이들과 온라인 MD가 만나서 같이 상품을 판매한다면, 잘 팔리는 상품을 만들 수 있다고 생각한다.

수험생이 대학에 들어가기 위해 고등학교 3년을 공부하고, 인생의 큰 목표를 위해 예금을 들어, 3년 만기 기간을 기다리는 이들을 생각해보면 알 수 있다. 무슨 일이든 시간이 걸린다는 것을. 지금도 온라인 유통에 뛰어들어 3개월, 6개월, 1년 만에 자리매김하고 돈을 많이 벌겠다고 생각하는 이들이 많다. 세상에 그렇게 금방 되는 것은 없는데 말이다. 자꾸 자극적인 말에 현혹되어 금방 성공할 수 있을 거라고 기대한다. 세상 그 어디에도 금방 성공하고, 탄탄해지는 일은 없다. 그러나 평생 하겠다는 각오로 상품을 다루고, 판매하고 고객 응대하고 배송하고 행사 상품 기획해야 한다. 지속적인 노력과 활동은 절대 허사가 아니다.

김태영

24년 차 이커머스 MD가 말하는
온라인 마켓, 매출 100억 비밀 노트

제1판 1쇄 2024년 10월 30일

지은이 김태영
펴낸이 한성주
펴낸곳 ㈜두드림미디어
책임편집 이향선
디자인 디자인 뜰채 apexmino@hanmail.net

㈜두드림미디어
등 록 2015년 3월 25일(제2022-000009호)
주 소 서울시 강서구 공항대로 219, 620호, 621호
전 화 02)333-3577
팩 스 02)6455-3477
이메일 dodreamedia@naver.com(원고 투고 및 출판 관련 문의)
카 페 https://cafe.naver.com/dodreamedia

ISBN 979-11-94223-26-9 (03320)

**책 내용에 관한 궁금증은 표지 앞날개에 있는 저자의 이메일이나
저자의 각종 SNS 연락처로 문의해주시길 바랍니다.**

책값은 뒤표지에 있습니다.
파본은 구입하신 서점에서 교환해드립니다.